旅游书架

超实用的泰国亲子旅行书

最好的**学习**在路上

带孩子游 泰国

《亲历者》编辑部 编著

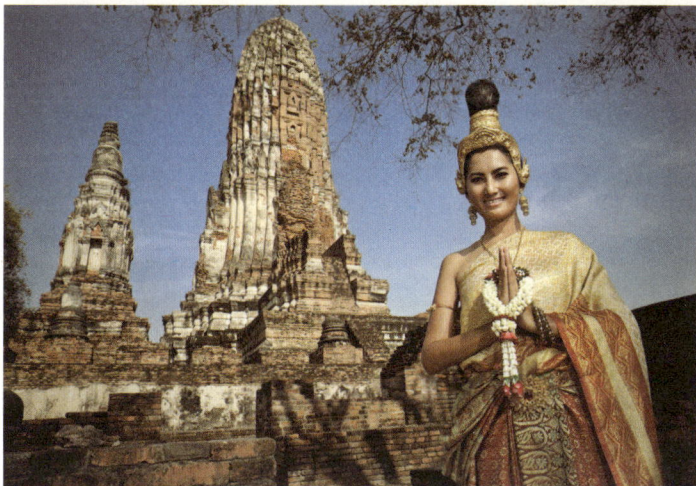

中国铁道出版社

CHINA RAILWAY PUBLISHING HOUSE

图书在版编目（CIP）数据

带孩子游泰国／《亲历者》编辑部编著 .－－ 北京：中国铁道
出版社，2015.9

（亲历者）

ISBN 978-7-113-20425-9

Ⅰ.①带… Ⅱ.①亲… Ⅲ.①旅游指南—泰国 Ⅳ.①K933.69

中国版本图书馆CIP数据核字（2015）第110235号

书　　名：带孩子游泰国

作　　者：《亲历者》编辑部 编著

策划编辑：聂浩智

责任编辑：孟智纯

编辑助理：杨　旭

版式设计：戴立志

责任印制：郭向伟

出版发行：中国铁道出版社（北京市西城区右安门西街8号　邮码：100054）

印　　刷：中煤涿州制图印刷厂北京分厂

版　　次：2015年9月第1版　　2015年9月第1次印刷

开　　本：660mm×980mm　1/16　印张：14　字数：280千

书　　号：ISBN 978-7-113-20425-9

定　　价：48.00元

泰国大城

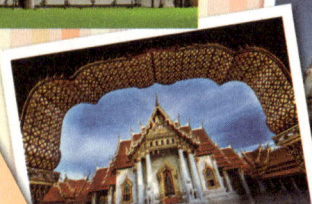

一个湿润的午后，手捧着世界版图，不知为何，双眸定格在毗邻泰国湾的一个微笑国度上，而后，眼睛渐渐变得充满好奇起来，只因为，这个深受广大游客喜欢的泰国，美得令人眩晕，使人恍惚然后醉了，或许也因为，泰国，"泰"传奇……

惊诧于你的历史：那恢宏的历史画卷徐徐展开之时，你令世人惊叹。素可泰时代的你，向世界倾吐了你将佛教作为主要宗教的恢宏之势；大城时代的你，将文化演绎得淋漓尽致，令人折服。

笃定于你的信仰：那深深融入泰国人灵魂和血液的佛教，那点缀着这个国家各个角落的深邃信仰，那一座座颠覆人们视觉的绝美寺庙，那一尊尊被赋予高度精神内涵的佛像，那一个个淳朴热情的佛教节日，这一切，怎能一言以概之。

痴迷于你的风情：你的碧海椰林，曾经令多少人神往不已。恍若仙境的普吉岛椰林曼舞、白沙细腻、海风轻柔，意境唯美纯净，植物葱郁，海水透明，这里承载着太多的梦幻与甜美、憧憬和梦想；而亭亭玉立宛如水晶的甲米岛更是潜水的理想天堂，是无数珊瑚礁和热带鱼嬉戏游乐的伊甸园，是渴望和海洋邂逅的人奉为圭臬的宝地。

泰国之美、泰国之最、泰国之魂、泰国之情，牵动着所有人。那绵延不绝、风景旖旎的湄南河，向人们静静诉说着这个佛教国家所有的秘密；那诸多颠覆人们视觉的岛屿、海岸与岩石，总是如水彩画中最为湿润的一抹，赋予泰国更多自然的灵动和诗意；那清新和煦的泰国电影，曾经多少次带给人们最温柔的感动；那技艺精湛的泰式按摩，让沉重疲顿的身心得到全面的舒缓。

泰国除了美丽的大海、沙滩和岛屿之外，还拥有很多诱人的地方，如美味可口的泰国美食、新鲜诱人的热带水果、热闹的夜市、临近海湾的假日酒店以及丰富多彩的娱乐活动……这些都是无数游客前往泰国的最直接原因。在那微笑的国度，一切都犹如阳光般灿烂明朗，让人觉得无比温暖。

泰国，正在对这个世界微笑。

《带孩子游泰国》一书介绍了泰国著名的5个地方——曼谷、芭堤雅、清迈、普吉岛、甲米等，并对这些地方孩子感兴趣的主要景点做了详细阐述，提供了详细的旅游资讯等，更有亲子行程百搭供你参考。导读及文前部分则为你提供了详细的旅行计划、准备资料以及吃住行购的方方面面，以帮你应对旅行中的突发情况。

如果你正想带孩子去泰国旅行，圆孩子心底一个美丽的泰国梦，那么不用犹豫了，抓紧时间，整理好行囊，带着此书前往。本书能给你带来最贴心的帮助，让你的泰国之旅畅通无阻！

目录

目录

PART3: 带孩子游芭堤雅
115 >> 139

PART4：带孩子游清迈

141 >> 169

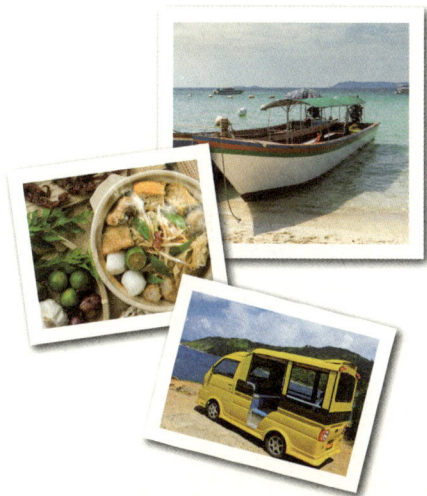

目录

PART5：带孩子游普吉岛
171 >> 195

最好的学习在路上
带孩子游泰国

PART6：带孩子游甲米

197 >> 217

附录

218 >> 223

目录

最好的学习在路上
带孩子游泰国

导读

边学边玩
游泰国

013 > 029

最值得一读的
经典美文

拉玛坚（梗概）

泰国史诗

罗波那经历了好几年非常艰辛的苦修，希望能够感动创世之神大梵天。但是梵天对于罗波那的苦修一直无视。最后罗波那愤怒无比，甚至将自己的头切下来抗议大梵天，不过，每次罗波那刚切下自己的头时，都会长出新的来。就这样如此重复10次后大梵天终于被感动了，给他注入不死甘露，还赐予他不能被任何神、魔伤害的祝福，也顺手将全部被切下的头接回他的脖子上。

变得强大的罗波那却变得无恶不作，由于他有10个头、无数条胳膊，因而他被人称为"魔王"。后悔的大梵天由于自己是神，而无法杀死作恶的罗波那，便请"毁灭"之神毗湿奴投生为人类，帮助除去魔王罗波那，因为只有凡人才能杀死他。毗湿奴神转世后就成了阿约提亚国王长子拉玛坚，拉玛坚长大后，和兄弟拉什曼一起跟随圣者学习经典和武艺。拉玛坚还迎娶了美貌的公主西塔为妻。

阿约提亚国王年老后，打算把王位传给拉玛坚。但受一位妃子逼迫，最终将王位传给了她的儿子巴拉塔，并将拉玛坚放逐14年。拉玛坚并没有

怨恨，带着妻子西塔和兄弟拉什曼一起，远离王城，到森林里隐居。

一日，魔王罗波那的妹妹苏帕纳卡路过，化身为美女对英俊的拉玛坚施展诱惑，无奈拉玛不为所动，恼羞成怒的苏帕纳卡要杀掉西塔，却被拉什曼砍去鼻子和耳朵。苏帕纳卡要魔王罗波那替他报仇。魔王变成一名老人向西塔乞食，趁机掳走西塔，囚禁在千里之外的南方小岛上。魔王喜爱西塔的美色，对西塔百般讨好，但西塔却丝毫不为所动。

拉玛坚为了救回妻子，带领军队，在海神的帮助下横跨大海，攻打魔王罗波那居住的小岛。经过恶战，拉玛坚杀死了魔王，救出了西塔。同时14年放逐期满，拉玛坚的弟弟巴拉塔迎接拉玛坚回国接任王位，一切都回归圆满了。

摇船曲——哀叹调

夕阳西斜，黄昏降临。
淡淡的月光，撒满天空。
春情萌动，肠百结哟，我的情人。
日夜企盼，难相逢。
落日带着余晖，走进了暮色。
溶溶月色，明亮得使人吃惊。
那柔光普照的皓月，多像你姣好的面容，
好一个婷婷玉女，光彩照人！
纤纤腰肢，天女般姿容，
谁敢同你媲美呢？我的爱，我眼中的一切！
比栀子花白嫩的人儿啊，我愿你成为我此生最人的财富。
任宫中人人嫉妒，我爱的却只是你！
我日夜坐卧难安，你对我却不屑一顾。
我渴望与你水乳交融，难道这，竟使你疑窦顿生？
复瓣的栀子花啊，金灿灿，亮莹莹，
倾国倾城世无双啊，何处觅倩影？
能与你金子般的人儿，同衾共枕，
看不够哟，赏不尽，甜言蜜语求垂恩。
下雨时，我用翅膀为你遮雨，打雷时，我用身体把你护紧。
你的柔躯紧贴着我的胸膛，一股暖流激遍全身
我最钟情的人哟，除了你，还有谁能使我如此动心？
我多么想得到你呀，可又怕我的鲁莽会使你伤情。
假如此时雨儿落下，心肝儿哟，莫怪雨。
风会把你的魂儿吹来，让你睡在我的船中。

雨，从来不会普天皆降，山中得雨凉意生。
我心里却毫不清爽，只因我离你远行。
止不住泪眼迷离哟，好一似烈火焚胸。
悠悠情丝牵魂魄，脉脉千里意更浓。

春之晨

曾心

鸟儿在窗前，
千鸣百啭，
催我快点起床了。

鸟儿在枝头，
高展歌喉，
教我唱一支百听不厌的歌谣。

鸟儿在屋顶，
穿梭跳跃，
叫我浓浓的春意爬上了眉梢。

鸟儿振振双翼，
仰望着晨曦的蓝天，
邀我一起漫游云霄。

我虽然没有翅膀，
但我的心，
却跟着飞到无噪音的高空酣遨！

落叶

曾心

顾城之死，
像一片归不了根的落叶。
却搅醒我，
几晚酣睡的冬夜。

一个母亲生下的怪胎，
一抹时代畸形的孤影；
纵然有一对黑色的眼睛，
也处处无法寻找到光明！

啊！上帝先招他回去，
终结心灵脱轨的诗路；
几页朦胧残篇，
飘落在大地不显眼的冷处！

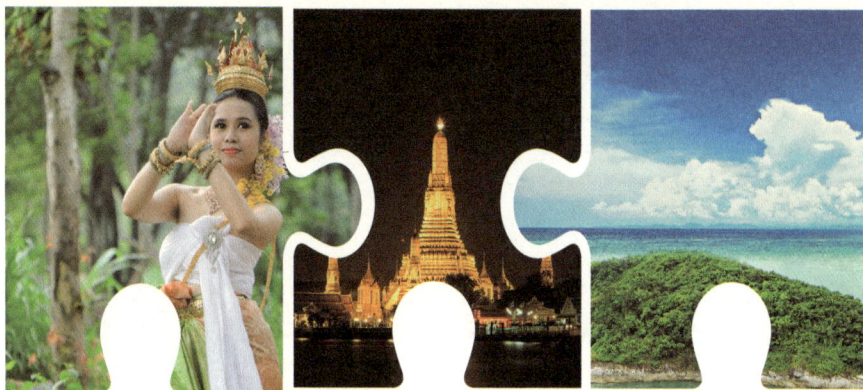

爱之因

我爱广阔无垠天际中的星辰，
因为它像梦中闪闪发光的金色蜡烛。
我爱旭日初照的天际，
因为那斑驳光影会照亮人们的希望之路。
我爱那碧波万顷的海水，
因为它使我的心永远受到鼓舞。
我爱那黑夜里昏暗的颜色，
因为它能吞噬时时产生的痛苦。
我爱那轻柔吹拂的风儿，
因为它能减轻我心头的酸楚。
我爱那艳丽无比的鲜花，
因为它是纯洁和正义的尺度。
我爱那打动人心的泰国歌舞，
因为那般的生活刺激着我的神经中枢。
我爱那悦耳动听的泰国歌曲，
因为它有细腻明朗的词谱。
我爱湄公河两岸盛开的金链花，
因为它联结着精神上正义的国土。
我爱那使人留恋的宁静寺院，
因为它是比任何地方都要静谧的歇息之处。
我爱泰国每一寸土地，
因为它贫瘠的身躯上有清澈的河流和飞扬的尘土。
然而我爱她胜过一切，
因为它胸怀博大恰似母亲养育我们儿孙无数！

细数泰国
地理之最

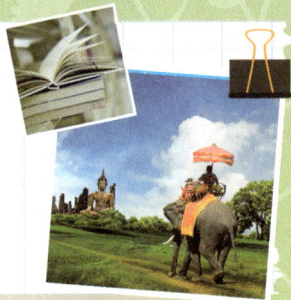

最大的岛屿
普吉岛

这座有着"素南珍珠"美誉的海岛，海岸线蜿蜒曲折，海滩旁有许多棕榈树，景色迷人；这里还有很多浪漫而漂亮的度假村、酒店等。在普吉岛东岸的普吉湾内，石灰岩岛屿星罗棋布，怪石奇岩屹立，有着"小桂林"的美称，其中攀牙湾山清水秀，石美洞奇，奇山异峰遍布，宛如仙境，让人流连忘返。

普吉岛档案	
分类	详情
中文名称	普吉岛
外文名称	Phuket Island
别名	素南珍珠
地理位置	泰国南部，安达曼海东北部
地形	有少量的盆地、山丘
气候	潮湿的热带气候
主要特点	泰国最大的海岛
孩子玩点	晒日光浴、游泳、潜水、滑水、乘独木舟、看岩洞、棕榈树等
海洋生物	海龟、小丑鱼等热带鱼类
周围的风景区	普吉镇、卡隆海滩、珊瑚岛、皇帝岛

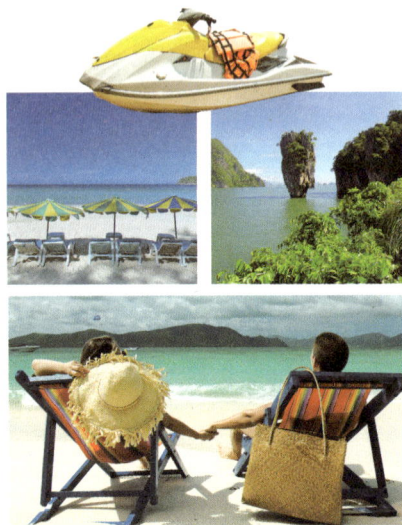

最高的山
因他暖山

因他暖山在泰国的地位不可小觑，它是泰国最高的山。山上有著名的因他暖山国家森林公园，公园内风景秀丽，遍布丛林和各式蕨类植物，山涧瀑布飞流直下，园内饲养了很多野生动物，建有名胜大象营、兰花培植场等场所，是远足野游的好去处。

因他暖山档案

分类	详情
中文名称	因他暖山
外文名称	Doi Inthanon
主要特点	泰国最高山峰
自然地理	气候凉爽，主要可以出产茶叶
地理位置	清迈西南部
孩子玩点	骑大象、观赏鸟儿、登山、徒步
主要景点	两个塔、因他暖山国家公园

最大的河流
湄南河

湄南河是泰国所有河流中的翘楚，这条泰国最大且被称为"昭披耶河"的湄南河，其上游有宾河、汪河、永河、难河4大支流，均源于缅甸掸邦高原，在那空沙旺汇成湄南河主流。在瓦信附近，湄南河分出右岸最大支流素攀武里河，与主流平行注入曼谷湾，非常壮观。

湄南河档案

分类	详情
中文名称	湄南河
外文名称	Chao Phraya River
别名	昭披耶河
地理	自北而南地纵贯泰国全境，流到南部平坦地区，形成湄南河三角洲，最后注入曼谷湾
生态作用	湄南河流域是泰国耕地集中的地区，河流的下游平原面积广阔，是泰国农业所需的重要灌溉水源
流域面积	约17万平方千米
主要特点	泰国最大的河流
孩子玩点	乘船观赏河岸夜景
湖中鱼类	鲑鱼、鳟鱼、鲟鱼、鲈鱼、太阳鱼、梭鱼等
周围的风景区	卢瓦尔岛国家公园、苏必利尔湖省立公园等

最大的野生动物保护区
康卡沾国家公园

这个公园是野生动物繁衍生息的乐园，公园内被大面积的热带雨林覆盖，风光旖旎。园内的层叠式瀑布、绵延的高山和神秘的洞穴一定不要错过，在清晨时分观赏层层叠叠的瀑布，在阳光晴朗的日子爬山成为必不可少的旅游项目。园内还可以看到各种各样的鸟类，包括巨嘴鸟、绿色阔嘴鸟、大型犀鸟、蛇冠鹰、鸣鸟、红原鸡、孔雀雉等。

康卡沾国家公园档案

分类	详情
中文名称	康卡沾国家公园
外文名称	Kaeng Krachan National Park
主要特点	泰国最大的野生动物保护区
气候	亚热带季风气候
孩子玩点	看野生动物、神秘洞穴、丛林探险

最大的香米产地
泰国东北部

对于泰国的香米，相信很多人都听到或尝过吧？泰国香米是籼米的一种，这种米的口感香糯，是仅次于印度香米的世界上最大宗的出口大米品种。泰国香米主要出产于泰国东北部，尤其以黎逸府、乌汶府、武里南府、四色菊等地为多。泰国香稻只有在原产地才拥有最好的品质。

泰国东北部档案

分类	详情
中文名称	泰国东北部
地形	土地辽阔，东北部的平原通常会有很多曲形的潟湖，但这些潟湖仅仅在雨季才有水，当到了热季水就会全干了
饮食文化	泰国东北部人的主食是糯米，至于和糯米相关的主要食物就是腌鱼，这是用盐以及糠或者炒米浸渍在一起的鱼而做成的

泰国最大的城市
曼谷

曼谷，这座有着"天使之城"美誉的宝地，是整个泰国寺庙最多的城市，更是很多人心驰神往的地方。漫步其中，你会和一座座或大或小、或庄严或肃穆、或样式多变或造型简单的寺庙建筑邂逅；穿梭于城市中，会被浓浓的佛教氛围笼罩，目之所及，尽是黄袍加身、虔诚信佛的人，于是，你很可能会和这些信佛人一样，双手合一，做出最为虔诚而美好的祈祷。

曼谷档案

分类	详情
中文名称	曼谷
外文名称	Bangkok
别名	天使之城
主要特点	曼谷首都和最大的城市、东南亚第二大城市
孩子玩点	大王宫、曼谷野生动物园、巧克力庄园等

百玩不厌的首选地
泰国亲子游 TOP 榜

最值得带孩子游览的10个海岛与海滩

TOP 1 查汶海滩

查汶海滩位于苏梅岛东海岸，沙滩很长，且细软白净，海水呈碧绿色，非常漂亮。海滩两岸布满了餐厅、酒吧、纪念品店，是苏梅岛最繁华、游客最多的地方。查汶海滩的娱乐生活最为丰富，各种场地很完善，白天可以在水上参加摩托艇、潜水和帆船等活动。在这里还可以找到全世界各种风味的佳肴，一家人可静静地享受阳光的照耀和海风的吹拂。

TOP 2 普吉岛

普吉岛是泰国最大的海岛，也是泰国最小的一个府，以其迷人的风光和丰富的旅游资源被称为"安达曼海上的一颗明珠"。普吉岛自然资源十分丰富，有"珍宝岛""金银岛"的美称。这里遍布海滩和海湾，有以清净著称的卡马拉海滩，有漂亮的苏林海滩，有经常举行海上运动的珊瑚岛，还有夜生活较丰富的芭东海滩等。

TOP 5　芭堤雅海滩

芭堤雅海滩的美丽征服了很多前来观光的人，这个有着"东方夏威夷"美誉的海滩，沙白如银，海水清澈，阳光灿烂，是优良的海滨度假胜地。海滩附近到处是热带树木和椰林，展现出浓郁的东方热带风光。海滩划分为北芭堤雅海滩、椰子海滩等几部分，其上建有许多造型别致的旅馆和游乐设施，供人们进行水上活动和度假休养。此外这里还建有天后圣母庙和三保公庙。

TOP 3　苏梅岛

苏梅岛是泰国第三大岛屿，仅次于普吉岛和象岛。苏梅岛有"椰林海岛"的美名，作为一个极具影响力的海滨度假胜地之一，苏梅岛有着宁静的氛围，来到这里，静静地漫步于细软如丝的沙滩上，可以感受到心灵变得格外澄澈和静谧。

TOP 4　甲米岛

甲米岛伫立于泰国南部，这里海水温暖清澈，瀑布潺流不绝，野生动物随处穿梭，到处诗情画意，美不胜收。同时这里也以丰富的植被和动物种群而闻名遐迩。甲米岛拥有许多风光旖旎的岛屿和国家公园，其中最著名的当属皮皮岛，皮皮岛是著名电影《海滩》的拍摄地，如果想一睹电影中的唯美场景，那么来这里便不会错了。

TOP 6　中天海滩

不难发现中天海滩和芭堤雅的海滩相比，更多了一丝温柔和宁静的力量，人也相对少一些。海滩的海水颜色很漂亮，沙子也比较细腻。海滩上还会看到很多为游人准备的防晒的大伞。沿着马路走出去就可以看到海滩，感觉非常棒。

TOP 9 卡塔海滩

卡塔海滩与芭东海滩比起来要小一些，但是这个海滩中有着自身更多独特的一面，那就是：它拥有两个极具漂亮的海湾，外形呈"W"形，即大卡塔和小卡塔。两处海湾都是绝美的度假胜地，这里风平浪静、海水清澈，适合休闲和潜水。沙滩上有各式小贩设摊贩卖食物饮料和日常用品，在那里旅行会感到很便利，没有任何负担。

TOP 10 苏林海滩

苏林海滩位于普吉岛的西海岸，这里有巍峨的山峰，同时也是一个令人们流连忘返的落日欣赏地。海滩濒临印度洋，白浪冲击着崖壁，激起层层浪花，非常美丽。无论你何时到苏林海滩游玩，相信一年四季的美景都会让你记忆深刻。

TOP 7 芭东海滩

芭东海滩是泰国众多海滩中无可比拟的旅行天堂，这里有游泳、太阳浴、帆板、游艇等各种趣味横生的海上活动项目，同时，这里的海水清澈见底，水中生物种类繁多，是人们公认的优良潜水地之一。芭东海滩沿海3千米左右的新月形海滩上还有数不胜数的旅馆、超级市场、购物中心和各种娱乐设施，一定可以让前来于此的人们感到不虚此行。

TOP 8 卡伦海滩

卡伦海滩拥有干净的沙质，形如一把白色的勺子。在这里人们可以享受日光浴，还可到清澈的海水中进行一次畅快的游泳，体验大海的万丈豪情。卡伦海滩上也有很多餐厅、酒吧；如果仔细寻觅，还可以找到一个艺术社区，这里聚集了很多泰国画家建造的画室和画廊，观看一下，相信会更有很多收获。

最值得带孩子游玩的3个动物园

TOP 1 曼谷野生动物园

园中聚集了无数珍稀的野生动物，包括斑马、骆驼、鸵鸟、羚羊、长颈鹿等，放眼望去，一派人与自然和谐共处的景象，让人忍不住拍照留念；如果你是漫步于青青草地中，目之所及，便是那漂亮的鸳鸯、天鹅以及各种知名的和不知名的鸟儿在欢快地嬉戏，与自然美景完美融合在一起。

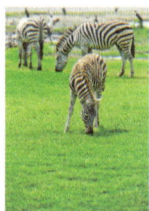

TOP 2 清迈动物园

清迈动物园坐落在素贴山麓，园内有各式的展示馆，包括熊猫馆、企鹅馆、海豹馆、淡水水族馆等，还饲养有象、豹和当地的野生动物。来到这里，孩子可以和自己喜欢的小动物一起玩耍，还可以喂食一些小动物，一般在那些动物的圈舍旁边就摆着已经处理好的适合投喂的食物，使用那些食物只需要自愿放入10泰铢、20泰铢即可。没有人监督，就一个小筐，自觉投币自己拿走食物就可以了。

TOP 3 清迈夜间动物园

这个偌大的动物园位于素贴山下，园中除了有各种珍奇动物外，还有风景花园、瀑布和湖泊，在山顶上还可以俯瞰整个清迈城。清迈夜间动物园利用肉食动物喜好夜晚活动的特性，开辟了夜间游览项目，坐在园内的观光车上，可以和长颈鹿、大象、老虎、斑马等共同享受美好的夜晚时光。

最值得带孩子参观的14座寺庙

TOP 1 玉佛寺

玉佛寺是泰国三大国宝之一，同时也是闻名遐迩的泰国大王宫的一部分，极大的看点莫过于寺庙中的玉佛了。寺庙中有很多"宝物"，包括玉佛殿、先王殿、佛骨殿、藏经阁等。玉佛殿是玉佛寺的主体建筑，大殿正中的神龛里供奉着被泰国视为国宝的玉佛像。寺内四周还有壁画长廊，非常壮观。

黎明寺

黎明寺始建于泰国的大城王朝，是大城时期孟库国王时代留下的最伟大的创举、最璀璨的文化遗产，这使得黎明寺成为现今湄南河畔最古老的建筑、参观量最多的寺庙。黎明寺中的底座和塔身均呈方形，层数很多，面积逐层递减。四周各有陪塔一座，颜色各异，宏伟华丽，比主塔矮小几倍。塔上铺贴许多彩色碎陶瓷，地基部分绘有巨幅图画。

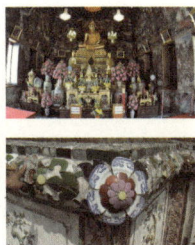

卧佛寺

卧佛寺距离玉佛寺不远，始建于第一世皇建都时期，该佛寺传授的泰国传统按摩医术，堪称传统按摩之典范。卧佛寺寺内有一尊大佛卧于神坛之上，包金、镶有宝石为世界最大卧佛之一。寺庙分为佛堂、僧舍和佛塔几部分，规模及佛塔、佛像数量均居曼谷佛寺之冠，有"万佛寺"之称，蔚为壮观。

帕玛哈泰寺

帕玛哈泰寺建于包若玛拉嘉一世时期，它的主塔曾高达约40米，是大城最早建成的高棉式佛塔之一，不过现在只剩下底部的基座，从围绕四周的佛塔上依稀可以看到当时以灰泥装饰的痕迹。无论历史的风雨怎样呼啸而过，寺庙本身蕴含的光辉总在昭示着一种力量，这种力量从来都不曾因为历史的变迁而磨损、而削减、而动摇。

四面佛

四面佛同样令无数人顶礼膜拜，因为它的外形很像中国的佛像，所以中文译名多为四面佛，也有很多人称之为四面神。由于四面佛强大的影响力，每年都会有很多佛教教徒从各个地方跋涉前来膜拜，表达自己虔诚的信仰。这些参拜的信徒们笃信四面佛非常灵验，可以使得自己心中的祈盼成真。

TOP 8 三保公寺

三保公寺临河而立，寺前有白色圆尖佛塔，高达耸立。佛殿里有一座坐禅佛像，外镀金色，泰人称为"銮抱多"，每年的10月中旬这个寺庙中都会举行盛大的礼佛盛会。这里多为当地华人参拜，一年四季香客络绎不绝，春节期间其他各府华侨前来参拜，此时是这里最热闹的时候。

TOP 6 亚柴蒙考寺

亚柴蒙考寺位于大城镇外的东侧，大城火车站的南面。寺庙始建于14世纪，同其他古建筑一样，寺庙的轮廓只能靠地上残存的基石来判断。寺庙因卧佛而出名，这尊巨大的卧佛怡然自得地躺在阳光之下，在废墟环绕下安详侧卧，令人深切感受到佛像的平静与超脱。主佛塔高耸入云，四周还有多尊佛像环绕着，很气派。

TOP 9 柴瓦塔娜兰寺

作为大城众多寺庙中的翘楚，柴瓦塔娜兰寺格外受人们的关注，它更被越来越多的观光者们"点赞"，这座无比壮观的接近吴哥风格的建筑十分迷人，值得驻足参观。另外，前来参观时别忘记欣赏落日余晖之美景。

TOP 7 帕司山碧佛寺

帕司山碧佛寺是一座与曼谷玉佛寺齐名的王室寺院，里面存放着包若玛特罗卡纳国王以及他两个儿子的遗骸。这座寺庙中目前残存着3座灰白色的巨塔，并保留着3个国王的骨灰。如今我们看到的寺庙周围和内部尽是残垣断壁，建筑内的橙色砖块已经裸露，并在重力的作用下而倾斜，但是从这些斑驳的痕迹中仍旧可以看到它曾经的辉煌。

TOP 10 双龙寺

双龙寺是泰国著名的佛教避暑胜地，是一座由白象选址、皇室建造，充满传奇色彩的庙宇。传说有位锡兰高僧带了几颗佛舍利到泰国，他怕让人抢走，便决定将舍利放在白象上，由白象选择一处可以建寺供奉舍利的福地，白象随意游荡，最后在双龙寺的现址趴下，人们就建了舍利塔，又由于山路两旁有两只金龙守护，所以便叫作"双龙寺"。

TOP 11 帕辛寺

帕辛寺位于清迈古城西部，是清迈规模最大的寺庙，后经多次扩建才形成现有的规模。寺庙内古木参天，松苍柏翠。走进寺庙，会看到精致的祈祷殿，殿右边是庄严的圣坛，圣坛极具泰式风格，令人眼前一亮。祈祷殿正后方是圣职授任大殿，用于对年轻小和尚的授任和寺内其他一些大型活动。

TOP 12 清曼寺

清曼寺是清迈城市中的第一座寺庙，可见其历史的悠久。清曼寺中最好的建筑就是由15只大象承载的塔，其中大象惟妙惟肖，惹人喜爱。偌大的寺庙中有两座兰那式僧院，较大的一座僧院在1920年曾重修过，佛坛前有一尊立佛，是到目前为止清迈发现最早的佛像。

TOP 13 盼道寺

盼道寺位于查迪朗寺北侧，曾经是潜龙寺的一部分，因为这里曾经是铸佛场，为重要的寺庙铸造佛像，因此得名。寺院中陈列有印在树叶上的古经，及装古经的柚木柜子。盼道寺的主殿是一座古老的全柚木建筑，从立柱、墙壁、屋脊都用珍贵的柚木建造，沉稳庄重中透着古色古香的气息。

TOP 14 松达寺

松达寺的主僧院及其中的大佛像都是1932年由泰北最著名的高僧古巴希威恰从修建的，古巴希威恰曾发动人民修建前往素贴寺的山路，而成为最受清迈人尊敬的高僧。他的骨灰塔就在主僧院的后方，一座白色的小塔，因为他属虎，所以塔的周围绕着多只老虎石雕。主僧院的西边有许多座清迈皇室成员的骨灰塔。

最值得带孩子前往的8个游玩地

TOP 1 暹罗海洋世界

暹罗海洋世界中各种各样的海洋动物数不胜数，馆内有很多个充满趣味性的主题区，可以满足孩子们的很多需求。馆内的海洋动物诸多，包括企鹅、海豹、蓝圈章鱼、锯峰齿鲛、魟、灰鲨、象鼻鲨、狮子鱼、叶形海龙和巨型蜘蛛蟹等，真是让人大开眼界。在这里参观，可以使孩子们更多地了解海洋生物知识，增加对大自然的兴趣。

TOP 2 巧克力庄园

带孩子来到这个漂亮的巧克力庄园游玩也是非常不错的选择，走进其中，会发现这里其实像是一个妙趣横生的主题公园，里面的每一个元素都和孩子的"胃口"非常吻合。因此，这里无时无刻不充满着孩子们欢快的笑声。这里极具欧式风情的布置格调让很多前来游玩的人都忍不住拿起手中的相机拍个不停。

TOP 3 芭堤雅公园

芭堤雅公园中的3大部分每一处都非常迷人，可以使得前来游玩的孩子们非常尽兴，这3处分别为芭堤雅公园塔、芭堤雅公园欢乐国、芭堤雅水上公园。如果孩子愿意，可以和他们一起进行两个人的高速滑行，或者和几个人一起乘缆车，从不同的角度欣赏芭堤雅海湾的美景。如果孩子比较恐高，就不要勉强，以免孩子在游玩过程中引起身体不适。

TOP 4 东芭乐园

在东芭乐园游览主要有3项：观看民俗表演、观看大象表演、参观热带植物园。来到这里，

如果时间上把握得比较好，不妨先到剧场中观看一下精彩绝伦的泰国民俗表演。关于民族歌舞表演的节目，多半是表现泰国民俗风情的舞蹈，还有泰拳表演以及少数民族风情表演等，表演时间大约为半个小时。

TOP 7 湄沙大象营

来到湄沙大象营中，可以和孩子骑着大象来趟丛林探险。骑大象时都有专业象师随行，因而可以安心地感受骑着大象涉水越岭、驰骋于丛林山野之间的刺激体验。大象营附近还有一座瀑布公园，四周是一片原始森林，参天的巨木随处可见。

TOP 5 迷你暹罗

迷你暹罗位于芭提雅市近郊，声名远扬。在这里，能观赏到世界上不同的名胜古迹，它们以微缩的形式展现在人们面前，其中包括法国埃菲尔铁塔和凯旋门、意大利比萨斜塔、罗马斗兽场、美国自由女神像、德国科隆大教堂等。迷你暹罗中还会定时进行旧时养蚕、织布、打造银器首饰等民族工艺制作方面的表演。

TOP 6 芭堤雅大象村

在这个有趣的大象村中，孩子们可以看到很多与大象有关的表演，包括跳舞、倒立、飞镖表演、踢足球、模仿中世纪战争大象出战的巡游等。观看完大象的节目表演之后感觉还不过瘾，还可以骑着大象到附近的密林里游览，既可以与大象亲密接触，还可以感受独特的森林景观。

TOP 8 圣托里尼公园

华欣的圣托里尼公园是一个全年都会有活动举行的欢乐地带，公园中还经常营造出适合各种风格的休闲氛围。这里的各个装饰细节都非常用心，充满了创意，让每一个来访的人赏心悦目。

最好的学习在路上

带孩子游泰国

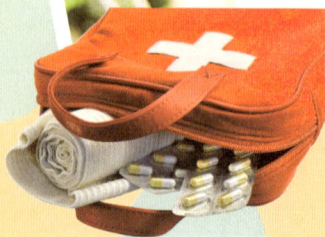

带孩子出行的那些事

出发前

父母带着孩子一起出行，毫无疑问，各种手续肯定是避免不了的，包括办理证件、兑换货币、准备行李、预订机票、预订住宿、预订门票、购买保险等。不管是选择自助旅游，还是报团旅游，父母对办理这些手续有一定了解是非常必要的。如果带孩子出行需要报团，更要跟旅行社核实清楚各种相关的事项，并且把责任划分等都清楚地显示在合同中，这样可以更加放心地和孩子开始你们的异国之旅。

护照

出境旅游，首先需要准备的证件就是护照。如果游客没有护照或者所持护照有效期不满6个月，就必须去办理或者更换护照。根据最新的规定，全国现在共有43个城市的外地人可以携带本人有效身份证或户口簿在当地办理外，其他城市的人则需要携带有效身份证或户口簿在本人户口所在地办理。可以就近办理护照的城市有：北京、天津、石家庄、太原、呼和浩特、沈阳、大连、长春、哈尔滨、上海、南京、杭州、宁波、合肥、福州、厦门、南昌、济南、青岛、郑州、武汉、长沙、广州、深圳、南宁、海口、重庆、成都、贵阳、昆明、西安、无锡、常州、苏州、温州、嘉兴、舟山、泉州、株洲、湘潭、珠海、东莞、佛山。

办理护照的方法有两种，一种是携带证件到公安部门办证大厅办理，一种是在公安局官方网站上预约办理的时间。第一种为最常规的办证方式，第二种是随着城市发达程度而发展出的便民措施。在办理护照时，父母需要注意的是，孩子也一定要办理护照。如果是初次办理护照，可以一家人一起去办理。

● **办理步骤**

1.领取申请表

携带申请人的身份证（出生证）或户口簿到户口所在地（可就近办理护照的43个城市除外）的县级和县级以上的派出所、公安分县局出入境管理部门或者参团旅行社领取护照办理申请表。

2.填写申请表

需要填写的信息与身份证（或出生证）真实信息一致，姓名不能用艺名、代称等。

3.提交申请表

将本人身份证、户口簿相应证件，填写完整的几张申请表原件，申请人及孩子的单人彩色照片各一张（需在出入境管理处或者是他们指定的照相馆照相）递交到办理柜台，并且索取《回执》。

4.领取护照

公安局出入境管理处受理申请后，审批、制作和签发护照的时间是10~15个工作日。领取护照时，须携带领取人身份证或者户口簿、领取护照《回执》和200元/人的工本费，前往柜台领取。也可以在提交资料时，缴纳快递费用委托邮寄。凡在《回执》上标明取证日期3个月后没有领取证件或者没有安排邮寄的，公安局出入境管理处将把证件予以销毁。

● 网上办证

很多城市现在接受网上预约办理出入境证件（包括护照、港澳台通行证等）。平时比较忙，没有时间到大厅办理证件的父母，可以通过这种方式办理护照，在有些城市还能享受免费速递的服务。下面提供一部分网址。

部分接受网上办理出入境证件的城市及网址			
城市	网址	城市	网址
北京	www.bjgaj.gov.cn	上海	www.police.sh.cn
广州	www.gzjd.gov.cn	深圳	www.szga.gov.cn

签证

护照办好之后，接下来就是签证了，泰国的签证办理起来不是很麻烦。泰国的旅游签证为单次入境签证，有效期为90天，可在泰国停留60天。办理泰国签证，可以提前3个月开始申请和办理，以免耽误和孩子的旅行行程，到时措手不及。在办理签证之前，可以到泰国驻华的使领馆了解申请签证需要准备的材料，做好更多准备，以便顺利拿到签证。

需要注意的是：泰国接受落地签证，但是中国海关目前在公民没有泰国签证的情况下不允许出境。有一些特殊情况可以落地签，例如从香港、澳门出发，或者有第三方国家的签证则可以办理落地签。

● 办理泰国旅游签证

1.下载签证申请表

办理签证前，需要先到泰国驻华使领馆下载签证申请表，如在泰国驻华大使馆下载，网址为www.thaiembbeij.org。签证申请表为PDF格式，可以打印出来并填写。

2.填写申请表

填写申请表时必须要用英文，表格上面有中英文对照，基本信息按照护照的填写，其他信息可用翻译软件填写。

3.去使领馆递交材料

准备好申请签证的材料之后，就可以去泰国驻华的使领馆递交材料了。要注意提交申请和交费的时间为周一至周五9:00～11:00，签证费为230元。

4.领取签证和护照

泰国签证不需要面签，但是在入境泰国之前需要去使馆领申请签证，或者通过旅行社代办签证。一般在提交签证申请后3天就可以出签了，申请人需要去使领馆自取。领取护照的时间为周一至周五14:00～16:00。

● 签证所需材料

办理泰国签证所需要的材料不是很多，通常需要有效期6个月以上的个人护照，身份证原件及复印件。两张签证照片（白底免冠正面照），单位出示的英文在职及收入证明，并要单位盖章和签字，还需要一张签字人的名片，资金证明（6个月以上的1万元或活期3万元），就能够申请了；如果要办理落地签，建议准备好足够的泰铢以及能够证明在泰国停留目的、日期等相关材料，当然有单位担保信英文翻译件最好不过了；如果要办理纸质签证，还需要一张本人签字的申请表。办理纸质签证更容易出海关，也是不乘坐飞机到泰国必经的过程。

● 泰国签证相关注意事宜

1.一般情况来看，外国人到泰国旅行、求学、医疗、就业等活动须事先从泰国大使馆或总领馆取得签证。因为泰国的签证可能会在不同时间有不同的要求，因此建议经常和大使馆联系能更好地确保获得最新的签证信息。

2.如果你们拥有的公民身份不具备免泰国签证的资格，或者你打算在泰国停留超过15天或30天，必须先从泰国境外的泰国使领馆处取得签证。泰国旅游签证的有效期为30天或60天，打算从泰国境内到邻近国家，又返回泰国的外国游客，可以同时申请多个连续的30天或60天旅游签证，游客最多能同时申请3个30天或60天的旅游签证。

3.逾期居留的处罚为每天500泰铢，最高20000泰铢。你可以在机场离境时缴纳罚款。如果你只逾期居留一天，你可能不必缴纳任何罚款，也可能会被罚1000泰铢，这取决于当地的现行法规。跟随父母或监护人到泰国旅行的年龄14岁以下的孩子不必缴纳逾期居留罚

款。为了不被罚款，可以到泰国出入境管理局（移民局）申请签证延期，签证延期的费用约为2000泰铢。签证能延期的时间长短取决于你所持签证的有效期长短，有效期30天的签证可延期7天，有效期60天的签证可延期30天。

4.需要指出的是，任何具有以下情形的外国人将被禁止入境泰国：

①未持有真实、有效护照或可代替护照使用的证件的；

②持有真实、有效护照或可代替护照使用的证件，却未取得泰国驻外使领馆、外交部签发的签证的，特殊情况无须携带签证者除外；

③以不当手段进入泰国并居留的；

④进入泰国当劳工或受雇从事无技能、无培训的体力劳动的，或违反外国人工作许可法在泰国就业的；

⑤精神状态不稳定或患有法规明文禁止的任何疾病的；

⑥未接种天花疫苗或未接受其他任何疾病的医疗防疫且拒绝让移民局的医生对其进行疫苗注射或医疗防疫措施的；

⑦已被泰国、他国法庭或其他合法判决判处监禁的，除非该刑罚为轻微罪行或过失或被相关法规列为例外情形。其行为可能会对公众造成危险或滋扰或对公共安全和国家安全构成任何暴力威胁的，或正被外国政府机关通缉的。

行程

在和孩子没有踏入泰国这片土地之前，在国内就非常有必要提前确定好你们将要游玩的一些重要城市。这时，不妨让孩子一起来参与游玩城市的方案制订和选择，比如可以和孩子一起来好好聊一聊你们想去的城市，和孩子一起认真规划一下行程安排，认真地了解将要去的城市的大概信息（包括它的住宿、交通、天气情况等），有了对这些事情的参与，将孩子当作一个重量级的"小大人"，相信他们都会很开心的。这里提供5条跨城市游玩的路线，希望可以提供一些参考。

● 泰国中部精华欢乐一周游

父母带着孩子在泰国中部游玩的时间为6天6夜，全程包含的地方有曼谷、大城、芭堤雅、华欣，因为带着孩子出行肯定也要考虑到外出的方便性，因此每天游玩的景点都是不容错过的经典，这样更能保证你们不虚此行，同时，在下面为父母们提供参考的路线中也留出了相对充裕的时间供孩子们休闲娱乐。

第1天
乘坐此航班到达泰国当地的时间为18:00。这时可以先办理入住手续，然后收拾得差不多时，相信爸妈和孩子也会有点饿了，那么就在住宿地不远处找一家餐厅享受晚餐时间吧

第2天
曼谷市中心的寺庙著名而集中，可以先带着孩子前往大王宫以及周边临近的著名寺庙游玩，包括卧佛寺、黎明寺等

第3天
在曼谷的第二天，可以到著名的游乐园、动物园等地游玩，前往暹罗海洋世界、律实动物园等都是不错的选择

↘ 飞行5小时左右 ↗　↘ 8小时 ↗　↘ 6小时 ↗

🚌 航班CA959等

🚌 从华南蓬火车站乘48、53路公交车可以到达大王宫

🚌 在曼谷市中心可以搭乘轻轨BTS至Siam站下，步行就可以到达暹罗海洋世界，或者也可以乘坐公交车15、16、25等路至Siam Paragon站下到达

第4天
大城这座城市古韵味独具，和孩子来这里，相信能和孩子更好地融入泰国悠久的文化氛围中。首先不妨先到闻名遐迩的巴茵夏宫，然后再前往不远处的其他重量级的景点，包括帕玛哈泰寺等游玩

第5天
泰国中部的一周游玩中，不妨带着孩子在海滨胜地芭堤雅玩上三天，在偌大的芭堤雅卡丁车赛车场和芭堤雅乐园中都能收获很多欢乐

第6天
这天可以先来大象村看大象，和极具重量的泰国国宝亲密接触，然后还可以到邻近的购物中心逛逛，能有很多意外收获呢

↘ 5小时 ↗　↘ 8小时 ↗　↘ 7小时 ↗

🚌 从曼谷华蓬火车站有火车到大城，约需2小时，沿路风景非常不错。从大城前往挽巴茵夏宫，可以在大城Chao Prom路上的Chao Prom市场乘小巴，约15分钟车程，票价30泰铢

🚌 从大城前往芭堤雅，需到曼谷转车，可在曼谷汽车东站乘车前往。在芭堤雅，可以乘坐出租车沿着Thep Prasit Rd.路花费约10分钟到公园，或者向西步行约30分钟到达，会途经Grande Caribbean Condo Resort酒店、Pattaya Park酒店等

🚌 从芭堤雅火车站（Pattaya Railway Station）向东南方向步行或者行驶约1.6千米可到芭堤雅大象村

● 欢乐海滨游

　　去泰国，有什么比得上来一次海岛之旅更为畅快的呢。普吉岛和甲米岛这两个海岛的设施齐备，非常适合带孩子的游客前往，而这里的风光也是美妙无比。为了让孩子能够更加放松，这里安排6天时间游览，在这样的路线安排中，就尽情地和孩子一起与大海"约会"吧。

第1天	第2天	第3天
乘坐此航班到达泰国当地的时间为第二天凌晨，还好，这时可以先办理住宿等，然后收拾得差不多时，建议先在酒店休息一下，然后下午到普吉岛普吉镇活动，体验当地的风情	在芭东海滩，似乎感觉总也玩不够，因为这里太棒，太美了，美得令人忘记了时间和空间，可以和孩子一起看海，一起玩滑板，融入大海的博大中去。如果孩子的体力还跟得上，就去芭东夜市转转，吃点好吃的，买点好玩的	在普吉岛的第二天，一定要乘船游览攀牙湾。这一天，乘着船看如海上天宫般的攀牙湾，一定会很有意思。不过一定要做好防晒工作。晚上，可以到幻多奇乐园去，这里的民风民情，还有各种表演也是非常值得一看

↓

6小时	6小时	6小时

↓

🚗 航班CA821 等	🚗 可从普吉镇中心坐嘟嘟车前往，或搭乘中巴前往芭东海滩	🚗 可以预订攀牙湾一日游，无须操心交通，旅行社到酒店门口接，并送回酒店

第4天	第5天	第6天
在普吉岛的第三天，应该到皮皮岛去探险。这是一个深受阳光眷宠的地方，柔软洁白的沙滩，宁静碧蓝的海水，鬼斧神工的天然洞穴，未受污染的自然风貌，都是深受大小朋友喜爱的地方，无怪乎它成为了普吉岛最受欢迎的旅游地之一	从普吉岛前往甲米镇，需要2～3小时，所以在下午的时候，建议直接在甲米镇逛逛，为第二天的行程做好准备。	甲米岛北面的奥南湾是甲米最著名的旅游区，可以在这里租船到附近的岛屿去探险。划着船，就在奥南湾转悠，也可以领略到神奇的自然景观

↓

6小时	6小时	5小时

↓

🚗 从普吉岛码头乘船至皮皮岛	🚗 从普吉岛乘坐巴士或者轮船到达甲米镇	🚗 从甲米镇步行或者乘嘟嘟车到达海岸

预算

　　对于很多自助旅行的人来讲，了解好这次异国之旅的费用支出显然非常必要。若能够根据泰国的物价信息做出大致预算，将会防止超支，这样对于整个行程来说都大有益处。带孩子到泰国旅行，基本开销一般包括：住宿费、饮食费、观光费、交通费、娱乐费、礼品费等。在仔细估量费用开销时，更需要根据家庭实际需求来确定各项费用的大致开销。父母可以参考下面的物价信息，进行基本预算。

在泰国旅行的物价资讯（单位：元/人民币）			
名目	类别	单价	详情
护照	首次签发	200元/人	在申办护照办公室拍照，加收20～40元

名目	类别	单价	详情
护照	换/补发	220元/人	包括到期、失效换发，损毁、被盗、遗失补发等
签证	旅游签证（停留60天）	230元/人	关于泰国签证详情，可参考泰国驻中国大使馆的官方网站www.thaiembbeij.org
机票	往返联程	1800～4000元/人	建议至少提前一个月关注机票价格，买好往返票，这样能享受较多的优惠，且可避免临时买票买不到的情况；表内是经济舱的价格
住宿	大城市	约150元/天	曼谷的住宿费用较高，约150元/天的宾馆住宿条件相当于经济型旅馆，如果想住得舒适些，可以每日多些预算
	中小城市	约100元/天	在曼谷以外的其他城市，可用较低的费用入住相对舒适的宾馆。例如在清迈，约100元/晚的宾馆相当于至少三星级标间
饮食	家常餐厅	约10元/餐	矿泉水大约1.5元/瓶；泰国菜量较少，每餐可以多点几个菜，尝试不同的美味
	星级餐厅	约60元/餐	在曼谷考山路的星级餐厅花销便宜些，20～50元/餐
市内交通	出租车	曼谷市内，单程10～30元	曼谷的出租车提供24小时接送，2千米内起步价约7元，之后每千米加收1元；曼谷之外其他城市的出租车费用更少
	嘟嘟车（TUK-TUK）	单程6～10元	实际上就是带车篷的三轮摩托车，车身绘有色彩缤纷的图画；曼谷的特色之一，因车身小而易于穿行在车流之间，乘坐起来很方便；车费便宜，可当面议价
	地铁、轻轨	单程3～7元	两种交通方式的价格差不多，按照距离远近来计价，不按站数算价格；乘坐地铁出行，不易堵车
购物	饰品	因不同的饰品价格不尽相同	比如和佛像有关的梵释叶符等，或者泰国大象造型的工艺品；缅甸玉石做的饰品也非常适合收藏或者赠送亲友，不过在购买佛牌等方面，建议还需慎重，注意选择正式的购买地
	特色的裙子	15～50元/条	织绣的裙子，既好看又舒适，价格也不贵，值得多买几条
	花串	2～10元/串	女孩子很喜欢买来照相用，也可以在拜佛祈愿的时候捐赠
	油纸伞	约50元/把	泰国的手绘油纸伞非常有名，均价是50元，也有非常贵的
	手工艺品	40～90元/个	手工编织的提包、拖鞋等，好看实惠，买回家装饰屋子，增加情调
	泰丝、泰棉	100元以上	泰国的丝绵物品非常招人喜爱，买来送长辈、亲友非常合适

名目	类别	单价	详情
娱乐	观看泰拳	约200元/场	带孩子观赏一下泰拳会很难忘
	泰式按摩	40～80元/次	泰式按摩最正宗的当属大王宫边的那家；其他的也不错
景点票价	寺庙	20～80元/处	寺庙通常除了门票外，如果烧香拜佛，建议给点赞助费
	其他景点	25～60元/处	泰国的其他景点票价也不是很高，根据个人情况预备开支

货币

泰国通用的货币为泰铢，完全以泰文印刷，面额和发行银行均不印拉丁字母，以泰文来书写，泰铢标志为有纸币和硬币两种，由泰国银行负责发行，现在所有泰铢的正面都是泰国国王普密蓬·阿杜德的头像。泰铢的尺寸越大，面值也越大，不同面值的货币，颜色也不同。

● 泰铢纸币

泰铢纸币的颜色有绿、蓝、红、紫、米黄色5种颜色，分别对应纸币的5种面值，由泰国中央银行发行。泰铢有1、2、 5、10、20、50、100、500、1000泰铢及50萨当等纸币面额，还有5、10、25、50萨当及1、5、10泰铢等铸币，辅币及进位为1泰铢等于100萨当。

泰铢纸币		
面值	正面图案	背面图案
1泰铢	泰国国王普密蓬·阿杜德于1950年在皇宫就职典礼上发表演讲时的情景	泰国国王青年时代的皇室活动等重大历史事件
5泰铢	泰国国王于1963年、诞辰36周年时皇家巡游时的场景	泰国国王中年时代的皇室活动等重大历史事件
500泰铢	泰国国王普密蓬·阿杜德1927～至今	拉玛三世
1000泰铢	泰国国王普密蓬·阿杜德1927～至今	普密蓬·阿杜德

● 图案意义知识拓展

小孩子们是否对拉玛五世国王骑马的铜像感兴趣呢，那么不妨来学习一下有关的小知识吧。这个泰国的著名铜像位于泰国的原国会大厦前，是纪念拉玛五世即位40周年，在国王1907年出游欧洲期间在法国巴黎雕刻而成的，并于1908年运往泰国曼谷。铜像的作者是法国著名的雕刻家乔治·索罗。建造整个偌大铜像的费用是由所有感激国王功绩的市民们积极热情地募集而来的。如今，当我们在铜像前进行参观时，会发现很多泰国人在此驻足。

潮爸辣妈
提示

如果爸妈想带孩子寻觅一下泰国的纪念品，不妨在逛清迈古城时，前往古城东北部的一条街逛逛，那里每到星期六就会变成热闹有趣的跳蚤市场，里面有旧电器、旧书、古董、工艺品、服装、佛像、佛牌、泰铢纪念品等供人们挑选。

● 泰铢硬币

如今市面上流行的硬币面值包括1泰铢、2泰铢、5泰铢、10泰铢，偶尔能收到25萨当和50萨当的。泰铢硬币铸有国王头像、佛塔、大象等具有泰国特色的图案。泰国还有大量不用于流通的纪念币，其上图案主要与皇室成员有关。

泰铢硬币		
面值	正面图案及意义	背面图案及意义
50萨当	泰国王普密蓬·阿杜德（曼谷王朝拉玛九世）侧面头像	清迈双龙寺
1泰铢	泰国王普密蓬·阿杜德侧面头像	曼谷玉佛寺
2泰铢	泰国王普密蓬·阿杜德侧面头像	背面雕刻着位于唐人街附近的金佛寺
5泰铢	硬币为铜镍材质，外圆内周九边形。正面图案为泰国王普密蓬·阿杜德面头像	曼谷云石寺
10泰铢	泰国王普密蓬·阿杜德侧面头像	黎明寺

● 泰铢汇率

截止到2015年6月，人民币与泰铢的汇率为：1人民币＝5.4348泰铢，1泰铢＝0.1838人民币。

● 兑换泰铢

和孩子到泰国旅行，要把我们平时使用的人民币兑换成泰铢现金才能在泰国直接使用，不妨先提前兑换好一些泰铢现金，之后再将剩下钱以信用卡或借记卡的形式带到泰国。若现金不够，可以再在泰国的银行ATM取现。提前在国内的中国银行兑换泰铢的话，需要提前一两天预约才可以。建议先兑换2000～4000元人民币等值的泰铢，这

个数额的泰铢现金基本上可以满足一家人在泰国基本的一些费用开销。在这里还需要提醒一下，由于旅行回来将泰铢带回国后，在国内不能兑换，因此少兑换一些泰铢较妥当。在国内兑换泰铢时，还有一点需要多留心一下，建议不要兑换太多的1000泰铢的纸币，因为这种纸币的面值相对较大，在泰国的不少小商店、货摊中买东西时都不好找开，比较麻烦，可以多换点5、10、20、50泰铢的纸币，用起来比较方便。

除了可以提前在国内将人民币换成泰铢之外，想要到泰国之后再兑换也没有问题，泰国的机场、火车站、大型商场、各大银行、中国银行曼谷分行等地都有将人民币兑换成泰铢的服务，一般情况下，泰国的机场和车站一天24小时都提供服务，比较方便。那么到泰国旅行，除了可带一定金额的人民币和兑换好了的泰铢之外，还可以携带美元和欧元去泰国，当然也和带人民币一样，到了泰国之后要换成泰铢才可以。

信用卡

在泰国，信用卡有很高的使用广泛度，某些信用卡公司还可能对境外消费行为收取额外费用。和许多国家一样，在泰国旅行，外出并不适合带较多的现金，既麻烦也不安全，因此刷信用卡便成了很多前往泰国旅行的人们的最佳选择。信用卡可以在泰国的大型商场、购物中心、酒店、大超市等场所中使用，非常方便。如果信用卡上既有银联的标志，也有Visa、Mastercard，不要忘记和收银员声明用银联，这样银行会直接以人民币结算，否则用Visa或Master，会以美元结算，中间会产生汇率损失和一定的汇率转换费用。

信用卡适合刷卡消费，而借记卡适合提现，因此在外旅行时，一张带有银联标志的借记卡也必不可少。信用卡有一定的消费限额，在头一些奢侈品时，可以直接使用借记卡消费，借记卡的消费限额只受你的账户余额的限制。在泰国刷卡消费时，一般都不要手续费，只有在取现时需要收取一定手续费。

在泰国使用便利的信用卡卡种			
卡种	英文名称	发卡公司电话	网址
万事达卡	Master Card	02-2608572	www.mastercard.com
维萨卡	Visa	02-2731199或02-2737449	www.visa.com

机票

在泰国游玩的机票分为中国和泰国之间往返的机票、泰国境内各城市之间的机票。提前1个月左右预订机票能够享受较多的优惠。就机票的价格来说，一般是淡季比旺季便宜，提前预订比临时购买便宜，往返票比单程票便宜，转机比直飞便宜。因此机票应提早预订、货比三家。

泰国境内的航空公司资讯			
航空公司	订票地址	订票电话	网站
泰国航空公司	北京东长安街1号东方广场东方经贸城西3办公楼3层303-4室 100738	010-85150088	www.thaiairways.com.cn
	上海市南京西路288号创兴金融中心23层2302单元（近人民广场）200003	021-33664000	
	广州市环市东路368号花园酒店地铺G3 510064 电话：020-83652333	020-2383660	
	成都市顺城大街8号中环广场1座12楼1202-03室 610016	028-86667171 028-86667575	
	云南省昆明市北京路98号锦江大酒店附楼2楼 650011	0871-63511515	
	厦门市鹭江道8号国际银行大厦23C 361001	0592-2261688	

● 购买机票

现在很多大型的旅行网站，比如携程网、去哪儿网和艺龙网，在线订酒店和机票都很方便和便宜。建议游客出国前1个月在网上预订往返机票，订票时，航空公司的选择也很重要，亚航的机票相对便宜，但是飞机较小，座位较窄，机上也不提供餐饮，而泰航价格较贵，但很舒服，并且提供餐饮等多项周到服务。

北京、上海、广州、昆明、成都、汕头、香港等城市每周都有航班直飞曼谷。北京直飞曼谷参考机票价：单程约为2800元人民币，往返为4300元人民币。自曼谷往清迈及普吉岛，每日都有数次班机往来，票价单程不到1000元人民币。

提供直飞泰国航班的航空公司有中国国际航空（CA）、东方航空（MU）、中国南方航空、泰国航空、曼

谷航空等。可以登录各大航空公司的官网查询出发地和目的地之间的航线，以及基本票价。

● 提前多久订票合适

和前往很多国家一样，不提前订票是不行的，购买去泰国的机票至少要提前1个月。如果早有打算去泰国旅行的话，可以提前6个月开始关注机票，这样能买到比较便宜的机票。此外，购买机票的时间还与你选择的航空公司有关。办理泰国签证需要机票的预订单，所以建议提前准备机票。

● 航空公司官网订票

机票一般都会选择在网上预订，如果担心被骗，可以自己到航空公司的官网上预订。可以提前关注各个航空公司的官网，一般航空公司会不定期推出一些优惠活动或特价票。而且可以比较多个航空公司官网的价格，这时你可选择一个路线和价格都比较好的公司预订。一般来说，东方航空从北京、上海出发比较便宜。此外从香港、澳门出发的飞机机票会便宜一些。

在订票的时候，有的航空公司会让你另外再买保险，其实很多机票含有保险，如果觉得不需要就可以取消航空公司推荐的保险。此外，如果要在飞机上用餐，最好在买票时就一并订好，不然临时到飞机上再购买会贵一倍左右的价钱。订好机票之后，可以先打印电子机票再到机场办理登记手续，有的航空公司可以在线办理登机。

住宿

和孩子来到泰国住宿，选择性很多。整个泰国遍布着从五星级酒店到简易帐篷和小屋等多种多样的住处。酒店档次大致可以通过英文来区分，Villa为最昂贵的海边独栋别墅，Resort则为度假酒店，Hotel为公寓式酒店，Cottage是独栋小木屋，Inn和Hostel多为青年旅舍，Guesthouse是家庭旅舍。在泰国的大城市和海滩度假村选择住宿地，费用在1000泰铢/晚以下为经济旅馆，3000泰铢/晚以下为中档宾馆，3000泰铢/晚以上的为高档酒店。而在小城镇，费用在600泰铢/晚以下为经济型住宿地，1500泰铢/晚以下为中档住宿地，1500泰铢/晚以上为高档住宿地。

● 酒店

泰国的酒店由泰国酒店协会（THA）认证，与国内的星级类似，分为五级，很多国际知名的连锁酒店都参与了认证，如曼谷市内的君悦酒店等。一般在比较经济的酒店住一晚是1000泰铢以下，中档的酒店在3000泰铢以内，高档酒店在3000泰铢以上。酒店房间中一般都设有卫生间、淋浴，每天也会有人打扫房间，还会提供免费的早餐，泰国的大多数酒店还提供游泳池等设施。高档酒店一般会收取7%的增值税（VAT）和10%的服务费，也通常要留一点小费（20泰铢）给每天打扫房间的服务员。费用和设施在入住时应该确认好。

● 家庭旅馆

家庭旅馆配有公共卫生间和风扇的房间每间价格最低在150泰铢/晚，而配有专用设施、空调和电视的房间每间价格超过600泰铢/晚。很多家庭旅馆靠兼营餐馆谋生，主要提供传统的背包客饮食，大多包括香蕉煎饼和水果味奶昔。

● 经济旅馆

在"泰国"小城镇和各府的府会，泰式或中国式旅馆会是唯一的选择。它们曾经一度是全泰国的标准旅馆，为旅客供应的伙食往往很有限。中档旅馆里配有私人卫生间、空调和电视，廉价经济房里可能只配备有公共浴室设施和风扇。

● 青年旅舍

泰国的各个城市都有青年旅舍，在去泰国之前，可以在国际青年旅舍的网上查看并预订青年旅舍，入住时只要出示青年旅舍会员卡，就能享受一定优惠，费用与旅馆差不多。此外，泰国的曼谷、清迈，还有国际基督教青年会（YMCA）和国际基督教女青年会（YWCA），费用多为500～1200泰铢。

门票

带着孩子来到泰国游玩，会发现很多景点的门票并不是很贵，尤其是泰国众多的寺庙，大多寺庙门票费用并不是很高，还有一些寺庙是免费的。规模极大的景区，通常需要很多天才能玩遍，因此大多会提供优惠的套票。一些大城市针对经典景点，组成联合优惠票，通常这样的票能让观光的人们享受平时价格的半价优惠。

在出行前，建议父母和孩子商量将去哪些景点游玩，选好景点后，到其官网上了解票价的优惠情况，然后提前订票，把确认票的信息保存为电子版，并打印一份，这样到了当地后，便可省去排队买票的辛苦。如果觉得到官网订票比较麻烦，也可以到代理网站上寻找泰国各景点门票的信息。

预订门票常用的代理网站

网站名称	网址	网站名称	网址
途牛网	www.tuniu.com	携程网	www.ctrip.com
艺龙网	www.elong.com	去哪儿网	www.qunar.com
穷游网	www.qyer.com	同程网	www.ly.com

行李

　　出国旅行，行李事宜几乎是每一位游客都要十分慎重的事情，既担心少带了物品在旅途中不方便，又顾虑行李携带过多，乘坐飞机不方便。尤其是带上小孩子出去，更要多备几件换洗衣物，还要带着孩子的少量玩具，甚至几本书。折叠衣服也要掌握技巧，并且把物品用防水袋包装起来，尽可能减少行李的空间，这些都要费点工夫。面对繁多的物品，不如带着孩子按照下图来准备行李吧。

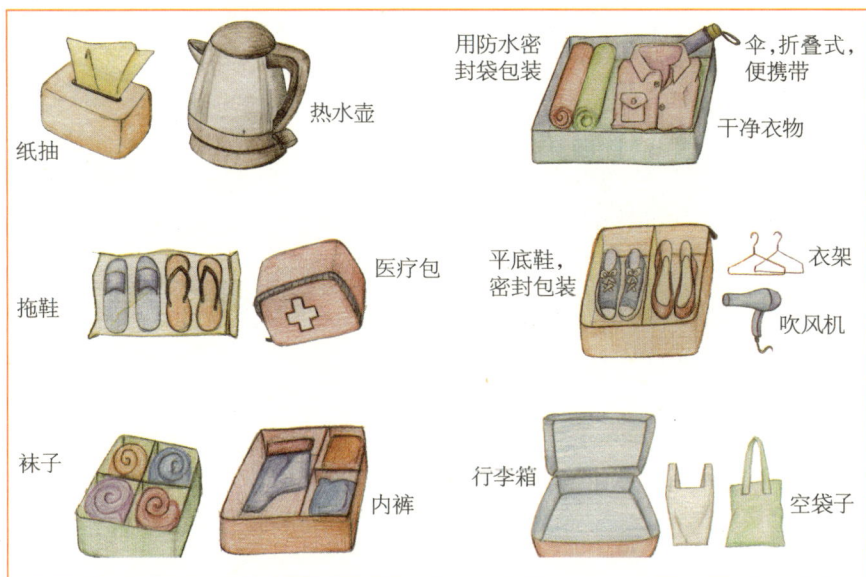

纸抽　热水壶　用防水密封袋包装　伞，折叠式，便携带　干净衣物
拖鞋　医疗包　平底鞋，密封包装　衣架　吹风机
袜子　内裤　行李箱　空袋子

● 行李清单

　　一家人出行，登机前通常都会携带1个大行李箱（托运，去前最好有1/3的空间放礼品），2个大背包/登机箱，1个孩子拎的行李箱，才够供一家人游玩使用。将这些物品分门别类放在相应的防水包（防水包一侧为透明，供区分）里，并留两三个空防水包，然后装进行李箱中，方便取用，且避免了干净衣物与换下衣服混装带来的烦恼。

位置	分类	物品明细	数量	位置	分类	物品明细	数量
孩子背包/登机箱	玩具	魔方/拼图	若干	孩子背包/登机箱	必备品	儿童读物	若干
		赛车/毛绒类	若干			无游戏手机	1部
		彩铅和画本	若干	孩子身上、衣兜	安全（见专题）	父母资讯卡泰铢现金	2张置不同处
		日记本	1个				适量
大行李箱	衣物	贴身衣裤	7套/人	母亲背包/登机箱	清洁用品	湿巾	1包
		游泳套装	1套/人			手帕纸巾	2包
		袜子	7双/人		零食	酸奶	适量
		夏季服装	7套/人			话梅类	1包
		冬季服装	3套/人			方便面类	适量
		雨伞/雨披	1个/人			水果类	适量（下机前吃完）
		拖鞋	1双/人		钱包	双币储蓄卡	1张
		备用平底鞋	1双/人		杂物	空保温杯	2个
	洗漱用品	盥洗包	1套/人			泰国地图	1张
		毛巾	1条/人			纸笔	1套
		浴巾	1条/人		文件	证件照片	2张/人
		梳子	1把			护照原件	1个/人
		化妆品	1套			行程表	1份
	药物	晕车药	1瓶			紧急联系人名单	1份
		退烧药	1瓶			预订信息打印件	1份
		防蚊液	1瓶	父亲背包/登机箱	电子产品	iPad	1个
		个人必用药	酌情			电脑	1个
		创可贴	1盒			相机	1部
	电子配件	多孔插线板	1个		钱包	泰铢	适量
		电源转换插头	1个			双币信用卡	1张
		手机电源线	各1个		其他	书	1本
		电脑电源线	1个		文件	复印件	各2份
		相机电源线	1个			U盘	各备1份
		三脚架	1个				

3口之家游泰国的行李清单（7天管够示例）

潮爸辣妈提示

1. 为了避免麻烦，任何行李箱内都不要携带刀具，通常安检人员连手机、笔记本电脑等都会检查，还会打开电脑看两面之间是否夹带危险品。如果笔记本电脑比较贵重，建议不要托运；如果觉得太沉想托运，则需要将电脑的电池取下。

2. 夏季来到泰国旅行，一定要格外注意防晒，因为这个时候泰国的紫外线比较强，皮肤容易晒伤，行李箱里装上一些防晒霜也未尝不可，到了当地购买也可以，不是很贵。

3. 行李箱内的盥洗包，不要带太大量的洗漱用品，用分装瓶分装，够游玩期间使用即可。

4. 如果上述行李物品装入大行李箱时，空间不够，建议再分装一个行李箱。尤其是在冬天，这种情况是一定会遇到的。把较多的行李分装为两个行李箱还能为回国时携带礼品提供便利，不然就要在当地购买行李箱了。

5. 很多小孩子确实非常喜欢参与到旅行的行程计划上来，在这点上，他们都非常积极和主动，关于行前准备行李的相关事宜爸妈不妨也让孩子制定一下，可让他们先选择好自己应该带上什么必要的生活用品、衣物等，然后给爸爸妈妈携带什么提出一些建议，这样把他们都当作一个"小助手"和"小大人"。这样能非常锻炼他们的能力，同时也能让他们对即将开始的异国之旅有更多的参与感和热情。

6. 来泰国旅游选择怎样的服装主要取决于旅游的季节和行程路线。短裤、无袖T恤、沙滩鞋都很实用，不要忘记携带。泰国有些地方对着装的要求很高，并且不太喜欢打扮得太过随意的人，尤其是有些寺庙或者高级酒店，拒绝衣冠不整的人入内。宽松轻质，透气性好，易干的服装是雨季旅游最好的选择，街道在雨季容易被大水淹没，所以寺庙和一些办公场所会要求你拖鞋后再入内，所以拖鞋也很实用，并且建议常备雨披或者雨伞。

7. 凉季时，如果你准备去北部旅游，比如去清莱，建议带一件长袖T恤或者夹克，另外，在旅行前一定要查看天气预报，在去山区旅游之前，不要忘记在清迈或者清莱的商店里购置保暖衣物。

● 主要承运航空公司关于行李的规定

所携带的行李能否都能够免费托运，也是很多游客关心的问题。通常小于登机箱的行李，每个乘客可以携带一个登机。托运行李箱通常一个游客能托运一件，孩子可以携带较小的行李箱，但是要注意行李箱中不要有尖锐的金属玩具等，否则会被没收。

中国至泰国主要航空公司的国际运输行李规定				
航空公司名称	托运行李箱			经济舱手提行李箱
	重量	长、宽、高三边和	其他规定	
中国国际航空	大于2千克，小于32千克可免费	大于60厘米，小于203厘米	行李箱内外写上乘客姓名及电话，最好能上锁，行李周围不能捆绑其他物品	1件/人，每件重量小于5千克，长、宽、高分别不超过55厘米、40厘米、20厘米
中国东方航空	小于23千克可免费	单个行李的小于158厘米，两个加起来小于273厘米可免费托运	同上，另外中国—泰国航线的乘客，每人可以免费托运2件行李	1件/人，每件重量小于5千克，长、宽、高分别不超过55厘米、40厘米、20厘米

通讯

对于国内的观光者来说，几乎到任何一个国外的国家旅行，在异国拨打电话给国内的家人、朋友是不可避免的，那么当父母和孩子一起来到泰国的时候，如果孩子想和国内的家人通电话表达思念的话，作为父母，也应该提前将异国的通讯事宜提前了解清楚，免得到了目的国之后手忙脚乱，不知所措。建议直接使用国内的电话，开通国际漫游服务。因为孩子记得父母的这些电话，如果重新办卡，孩子未必记得住。如果一定要省一点电话费，需要办理新卡，也千万要保证自己的手机时刻处于开机状态。

● 如何开通国际漫游

移动卡业主拨打10086，按照语音提示操作、开通国际漫游服务，也可以直接找人工服务，由其协助开通。联通用户拨打10010，电信用户拨打10000。

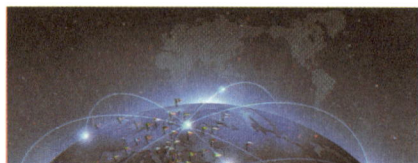

国际漫游资费详情（单位：元/分钟）							
运营商	拨打泰国本地电话	拨打中国大陆电话	在泰国接听电话	发中国大陆短信	GPRS漫游	客服电话	网址
中国移动	0.99	1.99	1.99	0.69	0.005元/KB	10086	www.10086.com
中国联通（泰国运营商AIS）	1.86	1.86	1.86	0.86	5元/5MB/天	10010	www.10010.com
中国电信	1.99	1.99	1.99	0.99	0.003元/KB	10000	www.189.cn

从国外打电话到泰国需要在电话号码前加拨泰国的国家号66；从泰国打电话到国外需拨001+国家号+电话号码（除了拨001外，也可以拨007/008/009，通话资费因具体目标国家而异），拨打110则可接通国际接线员服务。

● 拨打公共电话

泰国的电话系统现代化而完备。可靠的投币式公共电话随处可见，手机信号也已覆盖大部分区域，包括偏僻的绝大多数岛屿。此外，要购买一个便宜的二手手机和芯卡也很容易。绝大多数的城区和旅游景点的网吧都已安装Skype软件。

泰国的投币式公共电话覆盖全境，本地资费约每分钟1泰铢。IC卡电话一般使用预付费电话插卡，大城市或旅游中心区域也有少量电话亭也可直接插信用卡。预付费电话卡的面值通常为300泰铢，一般在便利店（如7-11）内均有销售，可使用这种电话卡的公共电话亭一般都被漆成了黄色，且就在便利店的附近。插卡电话有多种资费标准，有的高达每分钟18泰铢。此外，泰国全境的大小邮局内，一般也都有可拨打国内国际电话的按分钟计费的公共电话。

● 拨打电话方法必知

从泰国拨打中国座机：0086+区号+电话

从泰国拨打中国手机：00600+86+国内手机号码

从中国拨打泰国手机：00＋国家或地区代码＋对方手机号码

● 免费WiFi

来到泰国旅游，无论是在长途汽车站、机场，还是火车站等公共场所甚至是公寓等，如果看到了手机WiFi中出现 ICT WiFi时，则表示能享受泰国的免费无线网络了。只需输入护照号等信息即可注册成功，一般情况下每天免费使用时间不超过120分钟。泰国有很多地方都有提供免费WiFi的麦当劳、肯德基，以及大型商场，另外，很多酒店中也都有，旅行中可以格外注意一下。

APP

如今，手机、平板电脑等已成为人们常用的出行工具。在游玩期间，如果能有一个软件，供拍照翻译、能有一个软件，能提供导航，能有一个软件，供查询攻略等，那么出行的时光将会更加便利。在准备去泰国前，下载有关泰国旅行的APP软件，成为很多出境游游客的习惯。在苹果手机的iTunes商店，以及安卓手机的Android Market上，都可以下载到有关泰国旅行的APP应用。

● 泰国旅游大全

《泰国旅游大全》独家收录曼谷、普吉岛、清迈、苏梅岛、芭堤雅、大城、北碧等泰国50多个热门旅游城市和目的地，共 4000 多个美景、美食、购物、夜生活地点，包含地址、电话、价格、开放时间、交通、简介等资讯。此外，还有美景宝典、美食宝典、购物宝典、夜生活宝典。

■ 大小：35.5 MB　　■ 支持：iPhone手机、iPad、iPod Touch

● 旅游泰国

《旅游泰国》加载了超过2000个旅行中你会经常使用的词汇，所以你可以在没有连接互联网的情况下查找单词。不用担心泰国会话，可以把精力集中在你的旅行中，使用《旅游泰国》来享受快乐。

■ 大小：52.9MB　　■ 支持：iPhone手机、iPad、iPod Touch

● 泰国驾到

夜市或商场疯狂购物，尝遍地道美食，沉醉于阳光与海滩……泰国各式吃喝玩乐体验，以及其他所有让你们和孩子难以忘怀的旅行体验，尽在《泰国驾到》。在这次由泰国自驾游专家教路，带大家以自驾游方式玩转泰国四大景点：苏梅岛、普吉岛、芭堤雅及华欣，从全新角度出发，畅游泰国。

■ 大小：2.8 MB　　■ 支持：iPhone手机、iPad

● 曼谷美食攻略

想在曼谷旅行中充分体验当地美食？想发掘曼谷美食之最？《曼谷美食攻略》能帮你。此为一款专为自助游旅客量身订造的原创美食指南。无论是朋友，或是二人世界，或是独自闯荡，或是一家人在一起，它都会帮助助你们轻松踏上美食之旅。内部含6大主题，包括超豪美食、激新推介、特色美食。帮你发现的曼谷，打造全新美食之旅，吃遍当地特色美食。下载安装《曼谷美食攻略》，将成为你不可或缺的行动美食指南。

■ 大小：40.3MB　　■ 支持：iPhone、iPad、iPod touch

● 谷歌翻译

谷歌翻译（Google Translate）可以翻译60多种语言的字词和短语。对于大多数语言，可以直接读出短语，然后便可听到相应的语音翻译。游客只需把要去的国家的翻译结果加上星标，这样即使在离线状态下也能查询历史翻译结果了。

■ 大小：3.4MB
■ 支持：iPhone系统、iPad、iPod Touch；安卓系统　　■ 网址：itunes.apple.com

● 旅行者曼谷

《旅行者曼谷》包括了曼谷吃、住、行、游、娱、购Top100推荐，较为详细的攻略，1个城市，100页海量体验式指南为人们做出详细指导。这里有最为实用的资讯情报，最有趣的游玩建议，以及最不一样的达人推荐——《旅行者曼谷》为你带来"卧底"曼谷深度踩点大攻略。曼谷会用酸辣香浓的百般滋味取悦你的胃，从全世界最便宜最好吃的帝王蟹、美味够劲的泰式料理到地道的潮州菜应有尽有；曼谷还会用温柔却又力道十足的双手为你按摩解乏，用每天都在打折的Shopping Mall、火辣诱人的夜店、超值又舒服的酒店随时恭候你光临。

■ 大小：42.4MB　　■ 支持：iPhone、iPad、iPod touch

保险

带着孩子进行异国之旅，很多事情需要提前都安排好，再加上国外的情况并不像国内那样熟悉，因此出发前父母如果给孩子及自己购买境外旅游意外险，将能很好地避免风险，确保孩子的安全。购买保险一定要在出行前购买，并且确保投保的各条例都被考虑清楚。境外游的保险条例应当包括紧急情况下的医疗费用（包括住院费用）、紧急回国的机票退款、行李丢失、取消行程、租住家庭旅馆或者公寓的附带险种（水、火、电、失窃等）、驾驶保险、人身意外伤害险等。此外，也因为出行中有孩子，所以父母一定要记得给孩子买一份孩子走丢或者被抱走相关的险种。

● 可靠保险公司

国内比较不错的保险公司有不少家，出发前父母既可以通过这些保险公司的导购网站投保，又可以到保险公司的门市部投保。父母应当根据家庭的需求来选择合适的境外旅游保险。平安保险、人寿保险、太平洋保险、泰康人寿保险等都是值得推荐的保险公司。不过，无论选择何家保险公司，一定要选择适合自己境外旅行的险种，通常美亚境外保险系列的保障范围最全，提供此类保险的公司有平安、太平洋等。

常用保险公司	
网站名	网址
平安人寿保险	www.life.pingan.com
中国人寿保险	www.e-chinalife.com
太平洋保险	www.ecpic.com.cn
泰康人寿保险	www.taikang.com

在路上

当你准备踏上行程时，是不是内心充满了期待和担心，如果孩子身体不适怎么办，孩子吃不惯当地食物怎么办……提前想到路上可能发生的问题，然后找到相应的应对办法，才能在泰国轻松购物，愉快玩耍，享受美食，让行程变得充实和有趣。

出入境

出入境是出入任何国家非常重要的环节，掌握一定的出入境技巧非常重要。大多数情况下，从中国出境及进入中国境内，都可以通过询问获得指导。从泰国出境和进入泰国境内，都需要提前了解基本的步骤，避免忘记退税、过不了安检、遗落物品等情况出现。

● 进入泰国边境的步骤

带孩子的游客乘飞机到达泰国后，对于入境手续可能会感到比较困难，只要你心平气和，按照一定的指示和步骤，就很容易通过。

进入泰国边境

填写出入境卡	前往移民局柜	盖入境章	领取行李	出海关
前往泰国的飞行途中，空姐会发给每位乘客两张表格，一张是移民局的出入境登记表，一张是海关申报表。最好在飞机上完成表格的填写，以免下机后耽误入境时间。海关申报表比较简单，如无特殊的携带品，填完表格基本栏目后，在方框内打钩即可	旅客下机后，走过登机桥、廊桥、候机走廊，第一步是来到移民局柜台，递上护照和填写好的出入境登记表，接受检查	相关人员在检查完护照、签证后，会在护照上盖入境章，上面会注明允许你在泰国的停留时间。非常重要的一点是：出境表会被钉在护照内页上，此表不能遗失，否则在出境时会有麻烦	过了移民局后，如有托运行李，就根据电子屏幕的指引，去相应的行李运送带旁，等待提取行李。在泰国曼谷的机场入境，提取行李后离开机场，一般没有专门的行李检查人员	在海关，如无需申报，需走绿色通道；如有申报物品或有拿不准是否应予申报的物品，需走红色通道。递上护照和海关申报表接受检查，一般海关官员是采取抽查的方式检查行李，如被抽中，应予配合。出海关后，你才正式到达泰国

潮爸辣妈提示

游客应自己小心看管好自己的行李，尤其是下机后，应尽可能快地通过移民局的检查（但千万不要争先恐后，插队抢位），到达提取行李处，以免行李被错拿或遗失。如无托运行李，可径直去海关。

● 从泰国机场离境步骤

和入境手续相比，离境手续要简单得多。不过，建议你提前2～3个小时前往机场，这样时间会比较充裕，不会手忙脚乱。到达机场后，先找到你所搭乘航班的服务台，在那里换登机牌。换登机牌时，护照上的出境卡会由机场人员撕去。领到登机牌和座位号后，工作人员会告知你从几号门登机。通常，登机在飞机起飞前30分钟开始，并在起飞前15分钟关闭机舱门。另外，一定要记得事先填好泰国出境卡。

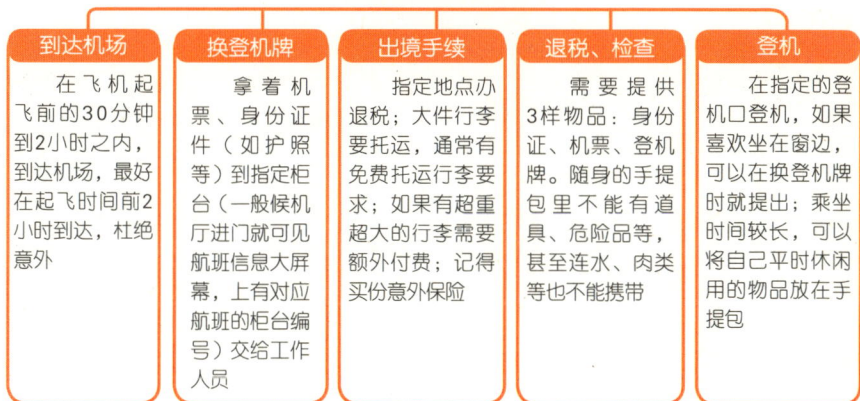

从泰国离境

到达机场	换登机牌	出境手续	退税、检查	登机
在飞机起飞前的30分钟到2小时之内，到达机场，最好在起飞时间前2小时到达，杜绝意外	拿着机票、身份证件（如护照等）到指定柜台（一般候机厅进门就可见航班信息大屏幕，上有对应航班的柜台编号）交给工作人员	指定地点办退税；大件行李要托运，通常有免费托运行李要求；如果有超重超大的行李需要额外付费；记得买份意外保险	需要提供3样物品：身份证、机票、登机牌。随身的手提包里不能有道具、危险品等，甚至连水、肉类等也不能携带	在指定的登机口登机，如果喜欢坐在窗边，可以在换登机牌时就提出；乘坐时间较长，可以将自己平时休闲用的物品放在手提包

就餐

不管到哪个国家旅行，关注好目的地的美食信息，无疑是一件非常重要的事情。那么和孩子来到了泰国，就好好体验一下这里充满了南亚风情的饮食文化，尝一尝没有品尝的泰国名吃吧。由于泰国海滩、岛屿众多，因此，品尝海鲜自然必不可少，不过吃海鲜时也要注意适量，尤其是对海鲜过敏的孩子，父母更应该谨慎再谨慎。

在泰国，无论是提供泰国诱人肥美海鲜或乡土特色菜的餐厅，还是传统的中式餐厅，相信都能让你和孩子大呼过瘾，尝过之后心中暗暗盘算下一次来泰国一定还要再品尝、再光临。

也许你对泰国的美食都很耳熟，比如青木瓜沙拉、冬荫功汤、泰式炒粉、咖喱美食、水果沙拉等，可是你知道它们都是泰国哪个区域的热门美食吗，下面就让我们来看看泰国耳熟能详的美食都属于哪个地区吧。

● 曼谷适合孩子的食物

　　曼谷从来都弥漫着美食的香味，这里的美食味道充斥着"天使之城"的每一个角落。曼谷唐人街中有各种各样极具诱惑的中国美食，包括年糕、水饺、香喷喷的烤鸭、食材多样的炒饭、海鲜、新鲜的水果或是由水果做成的沙拉，都让人忍不住想要尝尝看。水果在曼谷众多的美食中当然也扮演着重要的角色，来这里，对于小孩子来说，更不要错过香甜多汁的芒果、榴梿等哦。

炒河粉

　　金山寺脚下的这家河粉店人气很旺，金黄色的炒河粉外面包着薄薄的一层蛋皮，在剥开香嫩的蛋皮要下口之前，别忘了加入花生碎和鲜柠檬，酥酥的花生碎伴着刚挤出的柠檬汁的香味，非常好吃。河粉在口感上十分香嫩筋道，当然了，一份河粉也不是很贵，约需60泰铢。

> ■ 地址：曼谷金山寺脚下的Thip Sa-Mai老牌炒河粉

椰子冰

　　来到曼谷，如果赶上炎热的天气，那么和孩子来一杯凉爽可口的椰子冰一定很棒。推荐的这家椰子冰不贵，一杯只要15泰铢，除了椰子冰这里还有新鲜的鲜榨橙汁呢。

> ■ 地址：313 Mahachai Road, Samranrat，Phra Nakorn
> ■ 地铁：BTS-National Stadium站（最近）需再转乘出租车，约10分钟车程

炸鸡

　　如果想要尝尝"泰式炸鸡"，来这里就不会错。这里的炸鸡有S、M、L三种大小可选，并会将鸡翅、鸡腿和鸡脯肉分成许多小块，非常方便爸妈和孩子食用。当然，这家名为Bonchon Chicken的炸鸡店除了好吃的炸鸡之外还会贴心地为客人们配上沙拉和萝卜等。此外，也不要忘记这里还有很多韩国小吃呢。

> ■ 地址：Central World Plaza6楼

咖喱

　　泰国咖喱口感不错，食材中除了有多种香料外，也会适量加入一些南姜、柠檬草、柠檬香茅、柠檬叶等调配味道，很讲究。泰国咖喱种类有很多，包括红咖喱、绿咖喱、黄咖喱等。如果带孩子吃咖喱的话，建议先问清楚服务员咖喱的麻辣程度，以免孩子吃不惯。

泰式凤梨炒饭

　　泰式凤梨炒饭本身运用泰国香米的香气，搭配凤梨以及什锦蔬菜等大火快炒，咸、酸、甜的口感，很能俘获人们的胃口，如果再搭配腰果一起入口，那感觉就更棒了。

春卷

　　泰国的很多春卷在馅料方面，除了蔬菜，另外就是调味过的冬粉，当然还有泰式独特口味的甜辣酱。通常这种甜辣酱在各家餐厅都有不同的特色，有些甚至会用水果作为酱料的主角，很不错。

泰式酸辣汤

　　从名字上就能猜到这道美食有些辣吧，没错，如果爸妈和孩子愿意尝试的话，也很好。泰式酸辣汤大多以

蘑菇与蔬菜做汤的主食，再搭配上柠檬草、香茅等香料，酸酸甜甜又带点辣味儿，味道很一流。

烤椰塔

烤椰塔是一种口感极佳的甜食，它将浓稠的椰粉、米的粉末、鸡蛋和糖混合，然后放在塑模的陶锅里煮即成。在泰国许多街上的摊贩都有卖，遇到了不要错过。

● 清迈适合孩子的食物

来到清迈你和孩子们也一定不会担心会找不到美食地，因为这里的食物非常棒。你和孩子可以到市内的一家老字号餐馆成为北方菜的忠实粉丝，也可以品尝一些来自家乡的食物，以抚慰乡愁。受缅甸、中国人的影响，位于泰国北方的清迈更喜欢炖的咖喱而不忠爱泰国南部和中部的可可奶咖喱。和大多数辣得让人流泪的泰国菜不同，这里的菜由于加入了泡菜和酸橙而酸味更浓。

宽面

宽面是一种较为清淡的咖喱鸡肉加鸡蛋宽面，相信小孩子会感觉不错。

■ **地址：** Th Charoen Prathet大街Soi 1 巷上的Ban Haw清真寺周围，距夜市不算太远

泰式煮炒

对于小孩子来说，清迈的泰式煮炒也是一个不错的选择，这道美食的配料不少，都很精致，配料的分量也很足。来到这里，如果品尝冬阴海鲜配料的话，会发现有虾、鱼片、蘑菇、菇类、蔬菜等。

■ **地址：** 清迈尼曼路

● 芭堤雅适合孩子的食物

芭堤雅作为一个海滨胜地，自然离不开各种海鲜和其他海产品的美食，这里的海鲜光是看一看就有无限的诱惑。当然，除了海鲜外，还有口感很棒的泰式料理、火锅等。

海鲜

在芭堤雅的市中心，总能找到可很多享受美味海鲜的地方，喜欢海鲜的小孩子们可以尽情享受美味啦。

■ **地址：** Soi 18,Naklua Road INaklua, Pattaya

泰式料理

泰式料理对于来到芭堤雅的孩子来讲是不能错过的美食，如果想尝料理不妨到位于芭堤雅市中心约15千米外的地方来饱餐一顿。这里有很正宗的泰式料理，口感一流，味道上乘。

■ **地址：** Na Jomtien 36 kn 160 Baan Amphoe Sattahip Pattaya

泰式火锅

餐厅在芭堤雅的位置很好，跟Marriott酒店紧密相连。传统泰式建筑，提供原汁原味的泰式菜肴，价格比较公道。每天19:40～23:00还有纯正的泰式歌舞表演。这里的特色美食有：泰式芒果糯米饭、泰式火锅、泰式咖喱蟹、肉类烧烤、冬阴功汤。

■ **地址：** 485/3 Pattaya 2nd Rd.South Pattaya

泰式料理

Mantra Restaurant & Bar是芭堤雅一家口碑非常棒的餐厅，同时也是一家人满为患的酒吧。餐厅内部装饰以暗红色为基调，包括灯光。大堂设

计很特别，差不多两层楼的挑高，宽敞开阔，楼上有露天的餐位，布置得摩登时尚，红色的沙蔓和灯光相映成趣，浓郁的泰国风情油然而生。菜品以无国界料理为主，泰式、日料、西餐、中餐各国菜品创意融合。服务国际化，周到细致，更适合重要宴请。

■ 地址：Pattaya Beach Road, Pattaya

芒果点心

Infiniti餐厅中主要以西餐和东南亚菜肴为主，这里的整体风格较现代化，除了可以品尝一下巧克力冰淇淋调制的芒果点心外，还有很多美味的用鱼烹制的菜肴，味道很棒，定能让你和孩子们吃得很尽兴。

■ 地址：437 Phra Tamnak Road | Sheraton Pattaya Resort,Pattaya

购物

泰国可谓是一个商场云集的国度，可以带着孩子尽情体验购物的乐趣。一些当地的商场大多集中在曼谷、芭堤雅、普吉岛等地，其中最著名的商场当属曼谷的中央百货购物中心（Central World Plaza），以及暹罗广场上的暹罗中心、暹罗百丽宫、暹罗发现中心、MBK Center等商场了。此外，芭堤雅的皇家花园芭莎购物中心（Royal Garden Plaza）、Central Festival Pattaya Beach，普吉岛的Central Festival Phuket、江西冷购物中心等地也都是购物的好去处。

这些商场装饰豪华，聚集了很多时尚服装、牛仔裤、运动装、化妆品、手表饰物等上面的著名品牌，很多商品的价格都比较便宜，值得购买的名牌商品有欧莱雅、Boots、Levi's、Lee、黛安芬、NaRaYa、吉姆·汤普森等。要注意在泰国商场购物时，商场内都有空调，且温度开地比较低，室内外温差比较大，小心感冒。有的商场中会有各国语言的导购，如Central Chidlom等，你可以到游客中心或柜台前询问有没有中文导购。

● 在泰国买什么

虽说带着孩子购物有很多不便，但是游玩一趟回国不购物，又实在对不住这趟行程。对于吃、穿、用比较讲究的母亲来说，出境购物是件很重要的事情，因为在国内昂贵的品牌商品在泰国却能以十分低廉的价格买到。所以，在泰国旅行一定要买些东西回去才不枉此行。

在泰国购买这些		
商品类型	品牌名称	详情
彩妆护肤	巴黎欧莱雅、Boots、Herb Basic(清迈)、Bath&Bloom保养产品、植村秀Shu Uemura、The Body Shop	泰国的很多彩妆护肤品都较为受欢迎，很温和，效果也很不错
衣帽服饰	牛仔裤、纯棉T恤、Siemyap乳胶枕头、曼谷包Naraya	这些时尚而漂亮的衣帽极具泰国风情，很有"泰国"味儿

商品类型	品牌名称	详情
美味小零食	"泰国"Meiji草莓牛奶、泰国海贼王饮料、泰国皇家牧场牛奶片、Pocky香蕉牛奶口味、MaMa牌泡面、泰国小老板海苔、Bento超味鱿鱼、泰国大哥花生豆、TARO鳕鱼香丝、泰国番茄饼、金枕水晶晶和泰好吃榴梿干	很多零食包装很卡通,味道也非常棒,"粉丝"们遍布各个年龄层
特色商品	泰国皇家牌蜂蜜、泰国手标红茶、泰国红蓝宝石、泰国佛牌、泰国燕窝	很具有纪念价值,可以增加对泰国的了解

● 泰国主要免税店信息

泰国人气免税店			
城市或地区	名称	地址	购物信息
曼谷	廊曼国际机场	222, Vibhavadi Rangsit Road, Don Muang, Bangkok	廊曼国际机场的免税店叫皇权免税店(King Power),是泰国最大的免税店,在曼谷的市区也有,可以买一些烟酒、化妆品等,欧莱雅、Boots产品非常优惠,同时机场还有不少奢侈品的专门店,虽然优惠的不是很多,但款式都比较新颖,此外,SPA产品也可以购买一些
	素万那普国际机场	999 Bang Na-Trat, Racha Taeva,Bang Phli,Samut Prakan	英国的药房品牌Boots、还有欧莱雅、Sai Jai Thai、Mae Fah Luang手工艺品都非常值得买
	曼谷皇权免税店(市区店)	8 King Power Complex, Rangnam Road, Phayathai, Ratchatewi, Bangkok	在这个免税店,你能想到的几乎所有的牌子都可以找到,里面可以直接花人民币,也可以直接找人民币现金,所有服务员全部能说流利的中文,购物非常方便
芭提雅	皇家花园芭莎购物·中心(Royal Garden Plaza)	218 Moo 10 Beach Road,Nongprue Banglamung,Chonburi 20260	皇家花园芭莎购物中心是芭提雅最好的购物中心,几乎可买到任何需要的东西。同时它也是一个综合性的娱乐中心
	芭提雅皇权免税购物中心	8 Moo 9 Tumbol Nongprue Amphur Banglamung, Pattaya	新开不久的免税店,店内商品琳琅满目,可以在此处闲逛并购买最经济实惠的烟酒、名牌服饰、手表、香水、家电等

城市或地区	名称	地址	退税或其他信息
普吉岛	OA免税店	888,Moo6,Soi Watluangpusupa, Chaofah WestRd, T.Chalong A.Muang, Phuket 83000	有泰国珍珠鱼皮等皮具，也有世界知名品牌手表，泰国精油、香薰和各种手工香皂等小饰品非常精致，价格也合理
清迈	清迈机场免税店	清迈国际机场	国际品牌的化妆品可以在清迈的机场免税店购买

● 在泰国的退税资讯

前来泰国购物，一定会很关心相关的退税信息，下面就简单介绍一下有关泰国购物中退税手续费和购物卡等信息，以供参考。

购物卡

在曼谷免税店内购物时，需要出示购物卡，在选购产品之前办好购物卡将为你的购物提供很大方便。办理购物卡时，境内旅客需出示居民身份证、境外旅客需出示进出境有效证件（护照），以及离开航班信息。

退税和手续费等

在泰国只有在标有VAT Refund For Tourist的商场，同一天在同一家商场消费超过2000泰铢，在泰国的总消费超过5000泰铢才可以退税。在一家店购买2000泰铢以上，一天全部买完再去VAT Return柜台申请，不然申请之后再买的不能补进去。烟酒购买都有数量限制，香烟每人携带不得超过2条，洋酒不得超过1瓶。按照免税购物流程规定，曼谷免税店内购物付款，机场隔离区内提货。提早到机场的想法是正确的，但也不需要太早，一般在飞机起飞前2～3小时左右就可以。提货时，尽量一次性准备好必须携带的证件，如护照、登机牌及提货单据

等，以缩短提货时间。

在泰国购物必须额外加10%的税，但是全额退税要扣除手续费，因此是退到手的退税是商品总价的8%～9%，申请退税总值必须不少于5000泰铢，每家商场的购物消费最少要2000泰铢，所购商品须在购买后60天内携带出境。建议到Siam Center的Paragon网站www.siamcenter.co.th/shopping上看看，Paragon是Siam Center的一个Epartment Store，里面的品牌都很全，在里面任何一个品牌消费了都可以在商场的统一的Tax Refund填退税表格（要提供Passport），只要合共消费满5000泰铢就可以退7%的消费税。而在MBK就没有了，就连Siam Center中的Siam Discovery都不是每个Store都可以填退税表格。之后到了机场，先在Check In Counter附近的Tax Refund Investigation Or Bureaucheck in后过了安检就可以去找退税的地方，100泰铢的手续费扣除后，大约6000泰铢的消费可以退400泰铢，还可以拿着返回的现金购物。

退税程序

当天购物完之后凭购物小票到该商场的客服部填写VAT Refund Form(退税申请单)，需要填写护照号；

在机场Check In 之前到机场4楼安检外面的海关退税办公室（VAT Refund Office）复查一下单据盖章；Check In 安检之后免税商店的退税处（Duty Refund Office）办理退税即可，退税处基本在机场免税店的尽头；

可以把单据放在一个护照下面进行退税，同一个人名下的退税只收一笔100泰铢的手续费，可以选择退现金。

● 深受游玩者喜爱的泰国本土化妆品

泰国本土化妆品	
名称	简介
Beauty Buffet牛奶洁面乳	添加了纯牛奶和辅酶Q10，有抗疲劳、抗衰老、抗氧化等作用
Kiss矿物洁面泥	适合油性皮肤，清洁度很好
Snail White蛇毒蜗牛喷雾	改善细纹、毛孔、肤色不均、干燥缺水、油性、混合、过敏皮肤
Snail White蜗牛霜	祛痘、改善肤质，质地很轻薄
蜗牛贴式面膜	改善痘痘、毛孔、痘印
Mistine防晒水乳	不油腻，清爽舒服，味道也好闻，防晒能力强、小巧且方便携带
Mistine羽翼粉饼	防晒遮瑕
然禧祛痘霜	祛痘效果很不错
Ele面膜	排毒、去黄、美白、祛痘、收缩毛孔

娱乐

带着孩子来到泰国，宛如来到了一个"娱乐王国"，在这里，只要你们愿意寻觅，相信这里从来都不缺少娱乐的元素和氛围。如果你的孩子是一个体育爱好者，那么让孩子领略一下泰国的独特体育项目泰拳非常有必要，无论是到闻名遐迩的泰拳馆还是偌大的体育馆，都会受益匪浅；如果孩子是一个热爱大海的人，喜欢在海洋中尽情地戏水、潜水、游泳，或是看各种颜色的热带鱼、珊瑚礁等，那不妨到泰国各种海滩上体验一番吧！当然，到了泰国，也不要忘了和国宝大象亲密接触哦。

● 泰拳馆、体育馆

泰国的泰拳很有名，到泰国不欣赏一下泰拳表演或看一场泰拳比赛怎么行呢，尤其是男孩子们，应该会很喜欢。泰拳是泰国的传统格斗技艺，可以用拳、腿、肘、膝等身体各个部位进攻对手。近年来拳手都很注重借鉴跆拳道、柔道、摔跤、拳击等其他种类技击的长处，使泰拳技巧变得更加丰富。泰拳比赛具有很高的观赏性，在泰国各地都非常流行，因此逐渐成为一种兼具表演性的体育项目。

曼谷的拉差达慕拳击馆（Ratch-adamnoen Boxing Stadium）、蓝披尼泰拳馆等都很有名。买票时一般分为3种票，分别是外围票、中等票和内围票。外围票最便宜，但距离主场太远，不太适合观赏；中等票比较合适，位置不算远，价格中等；如果想近距离感受泰拳比赛的气氛，可以买内围票。

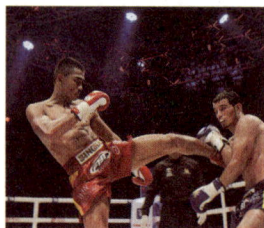

蓝披尼拳击体育馆

蓝披尼拳击体育馆（Lumpinee Boxing Stadium）是曼谷当地最受欢迎的泰拳比赛场地之一。这里每周二的拳击赛是最受曼谷市民欢迎的，总是人满为患。

> ■ 地址：蓝披尼公园附近
> ■ 交通：乘普通公交车47路可以到蓝披尼体育馆
> ■ 开放时间：每周二、周五以及周六18:00至深夜

● 骑乘大象"嗨"泰国

来泰国，在很多城市都可以让孩子骑乘大象好好地嗨一下，例如在历史古韵丰富的大城，可以和孩子来到大象园，快乐地看大象表演，或者骑着大象绕大城岛游览一圈。骑着大象，在遗迹中漫游，沐浴在阳光下，感受独特的泰国风情的同时，还可以给大象喂食。

● 潜水

众所周知，泰国是一个世界著名的潜水宝地，它那蜿蜒漫长的海岸线及热带性气候等得天独厚的条件，让所有潜水爱好者充满了向往。泰国的潜水区以东边介于柬埔寨间的暹罗湾，及西边紧邻着印度洋的安达曼海为主。

芭堤雅

泰国适合孩子潜水的地方不少，芭堤雅便是一个好地方，潜入海水的

那一刹那，当你看到呈现在面前的是另一个五彩缤纷的世界，还有七彩的鱼儿在你的身边游过，一定会被眼前的美景惊呆。芭堤雅沿海约有30个大小不等的岛屿，周围尽是丰富多彩的珊瑚，包括莴苣、鹿角及脑状珊瑚。在海底礁层中云集着色泽艳丽的热带鱼、珊瑚鱼，此外，扁鲛、海生鲈鱼及斑鲨鱼，也是全年皆能观赏到的海底生物。潜水分浮潜和深潜两种。浮潜可以戴一副深水眼镜，口含一只通气管即可，可以在海滩附近的海面欣赏鱼群或珊瑚。深潜需要一定的技能，具有一定的危险性，孩子若想进行深潜，爸爸妈妈也一定要做好准备。

普吉岛

普吉岛被称"泰国的珍珠"，是安达曼海中最为人熟知的潜水区。普吉岛是个呈南北走向的狭长岛屿，面积约与新加坡相近，岛上全是绵亘的山丘及盆地，周围除了清澈的水域，列属的一连串三四十个岛屿最受喜爱潜水人士青睐。

皮皮岛

位处普吉岛东南，乘快艇约两小时可达。皮皮岛水域中生长着各类硬软珊瑚，还时常可见的海洋生物有黑白斑鲨、鳗鳄。潜水深度达30米，水下能见度为10米至25米左右。

KO Racha岛

位于普吉岛南方，搭乘汽艇前往约需2小时，此处海域的能见度在20米至40米间。巨大陡峭的岩石和倾斜的珊瑚礁栖息着许多你未曾谋面的海底动物。

鲨鱼岬

鲨鱼岬位于普吉岛东方约90分钟船程的海域上，是一个水中礁崖，也是豹鲨及316鱼最喜欢栖息的地方。爸爸妈妈和孩子来到这里可见到专业的潜水者可在海中喂食豹鲨及鳗鲡，其情景仿佛人与那些动物是交情至深的老朋友。

丝米兰群岛

有珊瑚花园之称，由9个岛屿组成，现已被列为国家公园，是欣赏珊瑚的绚丽色彩的最好地方，可说是泰国最优良的潜水区域之一。明岛是丝米兰群岛中唯一可同时提供食宿的岛屿。该岛周围有几处很好的潜水区，其中有一个巨大斜面的礁岩，形成非常有趣的天然海底隧道，大量的尖鲨、啮鱼、海龟出没其间，海葵、贝类亦丰富了此处的海底景观。

靠近丝米兰群岛最北端，从海面上可见一突兀耸立、约八米高的礁岩，这座礁岩海下拥有令经验丰富的潜水者叹为观止的海底隧道及洞穴。而待你下水后，有两尾巨大的鳕鱼及一尾鳗鳄即会以地主身份出来欢迎你。

新兴区

近几年来，暹罗湾西岸地区是潜水的新兴区。春蓬的海底景观自有其独特的地方，其绚丽多姿的硬珊瑚及软珊瑚包括柳珊瑚、杯状珊瑚、平型珊瑚，常见的海洋生物有海葵、小丑鱼、斑马鱼、海绵鱼、海巴鱼、海星及龙虾等，尤其在软珊瑚群中更可见到如鲸鲨、绿海龟和鳗鱼从身旁游过而毫无戒心，别有一番情趣。

小费

在泰国正式的餐厅中用餐，所给的小费比例一般是餐费的10%。有时也不按这个标准，可以随意给一点，基本上是20泰铢以上。不过很多餐厅在结账时已经附加了小费，所以就不用另外给了。高档酒店一般会收取7%的增值税（VAT）和10%的服务费，同时还要留一点小费（20泰铢）给每天打扫房间的服务员。

给小费在泰国来说还不普遍，但现在已渐渐流行起来了。多数的饭店和旅馆都加收10%的服务费；饭店员工服务良好，可给小费，一般一次约20泰铢，不过账单上包含了小费的则用不着再给服务人员小费。但是作为惯例，多余的零钱要留在账上，但不要只留一泰铢，这样不是很礼貌。即使在高档餐厅账单中未打入服务费时，小费的数目也不超过花销的10%～15%；在中档餐厅里，一般将找回的零钱可留在桌子上或放到盘子里；在小餐馆或街头摊点上用餐不用付小费。绝大多数三轮摩托车的收费要讨价还价，所以不要另付小费；出租车司机一般不会要求给小费，但如果给也不会拒绝。小费尽量不要给硬币，以示尊重。

禁忌

和孩子到泰国旅行，非常有必要了解一下泰国的风俗文化与禁忌，尊重当地人们的习俗，会让你们此次的泰国之旅更文明、更注重细节，也可以在一定程度上培养小孩子的文明习惯。

● 佛教习俗知多少

1.在遇到僧侣时，要尊重其信仰习惯，要礼让先行。女士要特别注意避免碰触僧侣，僧侣对此种事特别介意。如果一位僧人在颂唱一卷经时被妇女不小心触碰，那他则前功尽弃，必须从头再来。遇女尼时，男子亦要小心不要触及

她们身体。对遍布泰国各地的佛像，不论大小新旧，都应表示同等的尊重。

2.游览佛寺前，先检查一下衣着，袒胸露背者及穿短裤、背心者禁止入内，甚至衬衣没塞进裤子、袖管翻卷在胳膊上的人也不准进佛寺。游客在进入佛殿前还要脱鞋，否则，会被视为沾污佛堂。不要触摸佛像，不要爬上寺院内外的任何一尊佛像。不要把佛像放在裤袋内，泰国人认为身体的下部接触佛像是对佛像的亵渎。身为游客听到演奏泰国国歌时，应马上停止活动并肃立。在给僧侣拍照前，应先征得其同意，拍照后应有礼貌地表示谢意。除国王及王室外，泰国僧侣的社会地位亦很高。

● 泰国忌讳知几何

1.泰国人喜爱红色、黄色，禁忌褐色。在泰国与狗有关的图案是禁忌图案。避免谈论的问题：政治、腐化、王室成员。即使是朋友之间，也不喜欢谈论个人问题。假如你冒犯了别人，要微

笑，并说"对不起"以示歉意，还要双手合十。

2.进入泰国人的住宅之前要脱鞋，不能踩门槛。如果主人坐在地板上，客人要照样行事。脚不要交叉，把腿卷曲在身体下面，不要露出脚底。

● 泰国日常礼仪知多少

1.给泰国人送礼，最好选用有包装的食物、糖果等，并以右手递给受礼者。如果泰国人送你一件礼物，在接受前应先合十向他们表示感谢。除非对方要你打开，否则不要当着送礼人的面打开。

2.当一人向另一人传递东西时，切勿越过他人的头顶传递。泰国人吃饭用右手，给别人递东西时也用右手，以示尊敬。如不得已要用左手时，先应说声"左手，请原谅"。不要用手（特别是一个指头）指某人。重大的佛日还禁止斗赛、赌、姻，如赛马、拳击都停止举行。

3.当泰国人打招呼时，是以双手合十，状似祷告。泰国人称"Wai"。一般来说，年幼的先向年长的打招呼，而年长的随后回礼合十。

4.泰国人认为头是身体的最高的部分，他们是不容许拍任何人的头部，纵使是友善的表现。如果你偶然摸某人的头，则要很快地向他道歉。

5.同样脚被认为身体最低的部分。别用你的脚指向人或对象；别用你的脚触碰任何人；别把你的脚放在桌子或椅子上休息；别跨过人的身体，请从附近绕过或礼貌地要求他们移动；当在地板上坐时，也应使你的脚不指向任何人。

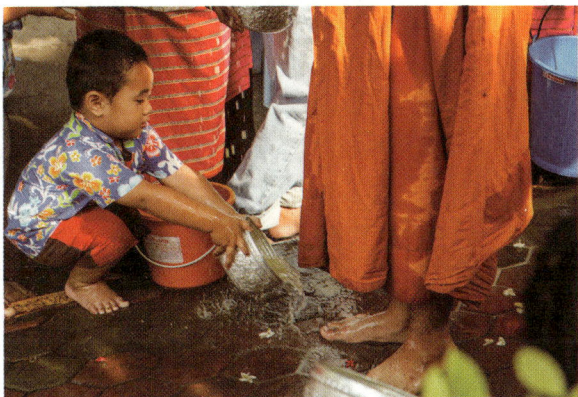

意外应对

在外游玩，难免遇到一些意外事件，虽然我们都希望万事顺利，但是万一事情发生了，也要能快速地想出解决办法。对于带着孩子的父母来说，物品丢失、迷路等，可能都不是特别费心的事情，而孩子无论有点什么意外状况，反倒是非常让人着急。下面的内容可以帮你们在遇到意外事情时，快速找到解决办法，安然度险。

● 孩子的大事情

孩子就是父母的心肝宝贝，在外游玩孩子有点不适，父母最闹心。孩子可能遇到的事情大致分几类，水土不服、生病较严重、情绪失控、意外伤害等，怎样处理孩子身上发生的突发事件，可从下文窥见一斑。

水土不服

　　水土不服通常表现为消化道症状，如呕吐、腹泻等。带孩子出游前就应当采取措施避免，比如带孩子多吃些蔬果、饮食尽量清淡些。到了泰国，如果发现孩子水土不服，可以及时让孩子多休息，每天用温水给孩子泡一杯蜂蜜（补充微量元素），增添B族维生素，并注意让孩子保暖，不要着凉，减少激烈、刺激的活动，带孩子去吃容易消化的食物。通常很快就会好起来。

生病较严重

　　如果孩子刚到泰国，就生病比较严重，比如得了流感、肠胃炎等，短期内仅靠调整不能快速恢复，那就不要带孩子玩得太累了，该卧床休息的时候就让孩子好好休息。感冒一般要7天左右才能痊愈，急性肠胃炎要3天左右才能改善。那么孩子精神比较好的时候，每天选取一两个景点，带孩子长见识。等孩子痊愈了，再好好游玩。

情绪失控

　　孩子情绪失控通常是父母比较头疼的事情，而失控的原因无外乎心情不好、需求没得到满足、身体不适引发烦恼等，解决的办法是跟孩子及时沟通，耐心地听孩子心里的话，想办法满足孩子的需求，在满足不了的时候，也要好言相劝，引导孩子自己放弃过度的索取。比如孩子赖在一个地方不走，不愿意走就让孩子再玩会，好不容易出来一趟，又不是要赶场，孩子爱玩就让他玩够。只要不是景区要关门、天已经黑下来比较危险等，就让孩子玩，父母也要学着从孩子身上获得欢乐。

意外伤害

　　孩子自己引发的意外伤害，要及时送孩子就诊，不能拖。同时关注之前给孩子购买的保险，看能否挽回一些损失。由别人引发的针对孩子的意外伤害，及时送孩子就诊的同时，也要及时报警，向警察讲清楚事情的经过，不能听信任何人私了的要求，然后让当事人赔偿，同时也要联系保险公司理赔。

● 其他意外

证件丢失

　　确保出行前就将重要的证件（护照、签证、户口、身份证、驾照等）进行复印备份（最好能在复印件的证件上面标明该复印件只用于补发证件的，并签名，签字适当盖住证件上的一些图文）。到了当地，如果护照丢失，就报警，领取护照遗失证明，然后凭这张证明向中国驻泰国大使馆或总领事馆申请补发护照或旅行证。补办证件，需提交我国驻泰国使领馆签发的《中华人民共和国旅行证》，提交户口簿、身份证原件和相应复印件，当办理证件所在的公安局出入境管理处与遗失地我国驻外使领馆核实你的信息后会进行补发。

贵重物品丢失

在泰国旅行时，随身携带的现金不宜太多，在购物、用餐时都可以用信用卡、银行卡或旅行支票结算。游客最好将信用卡、银行卡的卡号、旅行支票的支票号码记下来，有些贵重物品可以放在酒店的保险箱内。如果信用卡或银行卡丢失，要立即打电话给发卡银行挂失，然后申请补办。若旅行支票丢失，只要支票的复签栏没有签名的话，丢失不会有太大的影响，不过事先要把支票的号码记下来，可以方便补办和申请赔偿。

行李损坏或丢失

当你拿到行李后发现行李在货仓内有损坏，那应该立即到行李转盘处或是航空公司设有的专设柜台处寻求处理。在索赔的时候，游客要填写行李破损报告，然后航空公司才会负责理赔。如果找不到行李，可以持登机证上的行李注册存根向航空公司查询，请工作人员帮忙查找。万一还是找不回来，则须填写报失单，最好要详细地写清楚行李箱中的物品和价格，并保留一份副本和机场服务人员的姓名及电话，如果你的行李在3天内没有被找到，航空公司会按照合同给予相应赔偿。

机票丢失怎么办

丢失机票，一般分为以下2种情况：一种是如果能确认丢失机票的详细情况，则可以重新签发；二是购买待用机票，并且在一定时段内没有不正当使用丢失的机票，如果情况属实，则可以申请退款。如果不知道机票的详细情况，可以亲自和购买机票的中国公司驻泰国办事处联系，查询详情。

迷路了怎么办

在外旅行，一份地图非常有必要，可以在机场的游客协助处或城市的游客信息中心领取，也可以在商店购买。游玩时，如果发现自己迷路了，最好的办法是找警察问路。如果旁边没有警察，则可以礼貌的询问路旁的商家。如果是去野外旅游，带上指南针很有必要。没有指南针，就借助野外知识和一些标志性建筑明确方向，如太阳、植被等；实在自己找不到道路，可以打电话给警察求助，待在原地，耐心等待。如果自驾车迷路，可以借助车上的GPS或手机地图来找路。若是没有导航，那就到最近的加油站问问。

"在家千日好，出门一日难"。中国游客来泰国，难免会因文化差异、语言障碍等原因，遇到一些烦心事，比如对旅行社服务质量不满意、遭遇不良商家欺骗却投诉无门。为此，泰国旅游体育部下设了游客协助中心（Tourist Asssistant Center，简称TAC）、旅游警察等机构，覆盖泰国主要旅游城市，专门负责外国游客关于价格欺诈、服务质量等问题的投诉及旅游途中出现紧急问题的协助。以下是有关部门常用电话，建议你不妨保存，以备不时之需。

泰国应急电话	
部门	信息（包括电话、营业时间等）
旅游警察	1155（24小时）
报警	191
火警	199
急救	1669
高速公路警察	1193
丢车	1192
救护车	1646
游客协助中心(TAC)：	总部：02-3560650（泰文、英文、中文） 邮箱：touristcenter13@gmail.com
泰国国家旅游局	1672（24小时，泰文、英文、中文）
泰航（Thai Airways）	02-3561111（24小时，泰文、英文）
泰国旅行社协会	02-1344263（24小时，泰文、英文，提供当地旅行社信息，素万那普机场设有柜台）
泰国移民局	1178
24小时紧急求助请拨	191
泰国旅游信息中心 （Ratchadamnern Nok Avenue）	总服务台服务时间：每天8:30～16:30 曼谷国际机场抵达大厅-1号楼服务时间：每天8:00～24:00 曼谷国际机场抵达大厅-2号楼服务时间：每天8:00～24:00
泰国旅游局（TAT） 总部	服务时间：8:00～16:30（不分周末和节假日） 地址：曼谷Rajatevee，Makkasan，New Petchaburi 路1600号 邮编：10400 电话：02-2505500 TAT呼叫中心：1672 服务时间：8:00～20:00 24小时语音和传真服务：1672 邮箱：info@tat.or.th

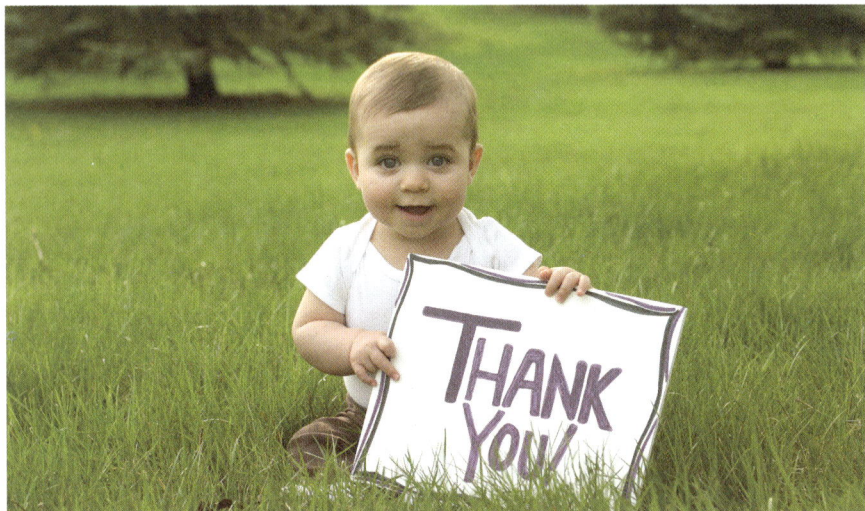

潮爸辣妈提示

泰国是一个相当安全的国家，一般没有什么严重的犯罪或疾病，游览者注意一些常规性的防范措施即可，如夜间尽量不要独自走在偏僻的区域，在人群拥挤的地方要看管好自己的贵重财物（如钱包或照相机）。应该使用质量可靠的驱蚊水来防止蚊虫叮咬，不然会有感染登革热的风险。肠胃敏感的人应该尽量饮用瓶装水，以及吃现点现做的食物。如果你要去医院，泰国（特别是曼谷）有不少能提供世界级服务的医院。此外，全泰国各主要旅游区内或附近都设有警察局或旅游警察派出所，他们对外国游客通常都很热心。

⭐ 孩子生病了怎么办

在旅行途中，孩子的抵抗力比较弱，在疲劳的状态下容易生病。父母很有必要事先掌握急救的措施以应对紧急状况出现。同时，为了预防临时找不到药店、医院，父母也应当在旅途中自带常用药品，如感冒药、消炎药、止痛药以及创可贴、风油精等，可根据家庭实际情况准备。有男孩子的家庭，需要多准备些跌打肿痛类的药，要注意云南白药等不能入境泰国；有女孩子的家庭，要多准备些应对感冒、发烧的非处方药。

● "灵丹妙药"百宝箱

旅行必带的常用药品	
症状	**药品**
治疗外伤的药物	酒精棉、纱布、创可贴、紫药水等
治疗发热、感冒、咳嗽和化痰药物	如儿童专用感冒冲剂、板蓝根、小儿退热栓、泰诺、美林、复方阿司匹林等
必要的消炎药物	如阿莫西林、阿奇霉素
治疗便秘的药物	如杜秘克、开塞露
治疗腹泻的药物	如多粘菌素、力百汀以及治疗脱水的口服补液盐
肠胃药	如藿香正气液、保济口服液、复方胃舒平等
过敏药	氯苯那敏
纠正睡眠的药物	如苯海拉明、水合氯醛
晕车药	如苯海拉明（年龄小的宝宝）、茶苯海明（学龄儿童）

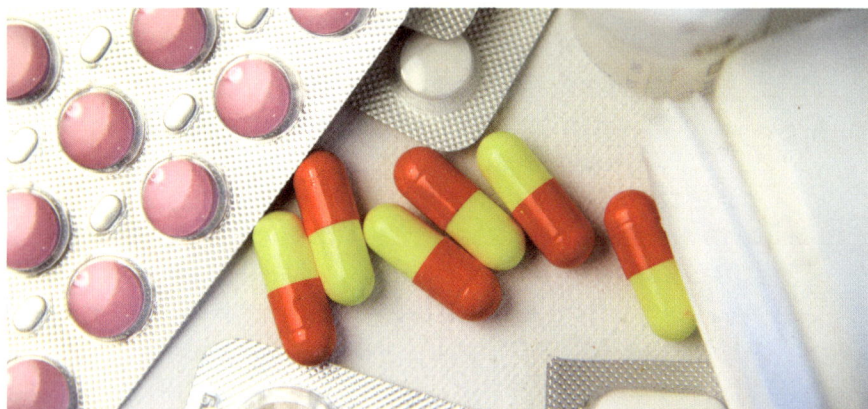

孩子晕车了怎么办

有些孩子在乘坐交通工具时会出现晕车的症状，如头晕、恶心、呕吐等。对于学龄以上的儿童则可服用茶苯海明，每次服用25毫克，也应于乘车前30分钟服用。

肠胃不舒服了怎么办

生活规律的改变，来到泰国饮食的不适应，常常会造成孩子肠胃不适。一定要多给孩子吃些富含纤维素的蔬菜和水果等食物，必要时需使用开塞露辅助排便，还可服用杜秘克等软化大便的药物。

拉肚子了好难受

在旅行路上孩子可能出现腹泻的症状，主要表现为发热、呕吐、腹泻，甚至可出现脱水。除了特别注意饮食卫生外，要及时给孩子补充充足的水分，特别是含有糖分和电介质的口服补液盐。同时应该服用消炎药，治疗急性胃肠炎常用的消炎药为多粘菌素、力百汀等，最好不要给孩子服用呋喃唑酮、小檗碱等。这些药物可能对孩子的生长发育造成不良影响。

泰国主要旅游城市的医院				
城市	医院	地址	电话	网址
曼谷	Bangkok Hospital	2 Soi Soonvijai 7, New Petchburi road, Bangkapi	02-3103333	www.bangkokhospital.com/en
	Vejthani Hospital	Ladprao Road 111, Klong-Chan Bangkapi, Bangkok	02-734000	www.vejthani.com
	Siriraj Hospital	2 Wanglang Road Bangkok Bangkoknoi 10700	—	si.mahidol.ac.th
	Bumrungrad International Hospit	33 Sukhumvit Soi 3, Wattana Bangkok 10110	02-6671000	bumrungrad.com

城市	医院	地址	电话	网址
曼谷	Bangkok Heart Hospital	2 Soi Phetchaburi 47 Chang Wat Bangkok	02-3013007	www.bangkokhospital.com
	Cosmetic Surgery Thailand	28 Somdet Phra Chao Tak Sin 34 Dao Khanong, Thon Buri Bangkok 10600	02-4384328	www.cosmeticsurgerythailand.com
清迈	Chiangmai Ram Hospital	8 Bunrueang Rit Mueang Chiang Mai District Chiang Mai	05-3224861	chiangmairam.com
	Asia Fortune Dental Clinic – Chiang Mai	148 Mu4 (Chiang Mai Business Park Project) Nong Pakrung Muang, Chiang Mai	05-3262828	asiafortunedentalhospital.com
芭堤雅	Pattaya Memorial Hospital	328/1 M.9 Central Pattaya Rd. Bang Lamung	06-8488777	pattayamemorial.com
大城	Ang Thong Hospital	Mueang Ang Thong District Ang Thong	03-5615111	ath.in.th

● 泰国旅游常备药物

在泰国不论是大人还是孩子，如果感冒、发烧，医生一般不会开药，而是要求你用酒精擦拭身体，用最原始的物理疗法降温。同样避孕药和抗生素、消炎药也不好买，而且泰国药物价稍高。所以，在前往泰国前，在国内就准备些必备药物，也可以有效预防紧急情况，但是也无需带太多。

泰国旅游常用药		
药物名称	功效	图片
虎标酸痛软膏	这是一款治疗身体酸痛无力等的药物，是老品牌，很好认，橘黄色的标志上有一只老虎	
蛇牌爽身粉	泰国是个热带国家，爽身粉在这可是大受欢迎，在炎热的日子，洗个舒爽的澡后，全身擦上爽身粉，身子就更加轻松凉爽了。罐子有分大小尺寸，一瓶30多泰铢	

药物名称	功效	图片
五蜈蚣标止咳丸	止咳药，在咳嗽的时候，含一颗在嘴里，效果不错	
Soffell驱蚊液	有效防蚊长达7小时，是泰国第一驱蚊品牌，这个和著名的泰国蛇粉都是一个厂家的产品，方便随身携带，价格也比较便宜。可以喷在身体上，也可在睡觉的时候喷在床的周围	
Banana Boat防晒/晒后修复	这个Banana Boat晒后修复非常好，因为即使涂了防晒每天还是会晒得很痛或者很痒，涂了晒后修复症状会立马缓解	
上标薄荷鼻通	非常耐用，也可以防止晕车晕船，也可以治疗虫叮蚊咬，提神醒脑。分上下两端，拧开上面的盖子，闻一闻，也可以拧开下面，滴液擦一擦，非常舒服。当然不要点多了，还有点辣。和唇膏差不多大小，携带很方便	
卧佛牌青草药膏	当地老百姓必备的常用药，可以用于身体的各部位疼痛，对于蚊虫叮咬、女性经期肚子痛都很管用，此药膏抹上之后会有清凉的感觉	
Greenherb极品青草膏	抹上之后会有清凉的感觉，被蚊子咬了抹一抹就可以。伤风感冒、头痛目眩、胸腹不适、风湿肿痛、麻痹疼痛、蚊丁虫咬。另外对于皮肤痕痒、伤风咳嗽、手足抽筋、腰酸背痛、用力过度、跌打扭伤等也有不同的功效	

出游方式

跟团游

　　父母如果担心自己的语言能力不足以在泰国玩得痛快，或者初次出国旅行缺乏经验，可以选择跟团旅行。跟团游最大的优势是，吃、住、玩都已被安排妥当，省心省力，且游玩的景点一定是当地的精华，导游也会陪同介绍，路线会根据需求调整，不浪费时间且行程充实。这种旅行方式适合经济上宽裕，平时比较忙的一家人。在游玩的过程中，孩子也能结交到同行的朋友。

● 选择合适的旅行社

　　跟团旅行，尽量选择正规、大型的旅行社。最好能多了解几家旅行社，进行详细咨询和调查，货比三家。不要轻信旅游广告，不要贪图价格便宜，牢记一分价格一分货。一般来说，旅行社的报价包括2种：一种是全包价，即包括食、宿、行、游全部费用；另一种是小包价，即只包一部分费用或在某一段行程中的费用。父母根据家庭的消费能力，选择适合自己的消费档次。

　　选择旅行团时，可着重鉴别的内容如下：

　　1.行程安排是否合理，与自己预想的行程是否较为接近。

　　2.明确费用内容和质量，注重服务内容的细节，如出行返回时间、交通工具、住宿(店名、地点、星级及入住房间标准)、用餐(店名、地点、用餐标准)、景点票价支付、有无全程导游、有无购物安排、旅行社是否已购买旅行社责任险、是否按规定向游客建议购买必要的旅游意外保险等。

　　3.行程表是否详尽，行程表越详尽，游客与旅行社中途随意更改变动行程安排的可能性就越小。

　　游客可以在国内报团，也可以到了各旅游城市再报团（详见各城市的资讯）。中国国内非常有影响力的旅行社有中国旅行社（简称中旅）、中国国际旅行社（简称国旅）、中国康辉旅行社、中青旅、锦江旅行社、春秋旅行社、广之旅、中信旅行社等。

部分旅行社相关信息			
旅行社	地址	电话	网址
中国旅行社（北京）	北京市朝阳区霞光里15号霄云中心B座12层	400-6006065	www.ctsdc.com
中国国际旅行社（广州）	广东省广州市越秀区沿江东路421号	020-83279999	www.ctsho.com
中国青年旅行社（上海）	上海市黄浦区黄陂北路228号	400-6777666	www.scyts.com

自助游

　　自助游因为时间相对比较自由，而成为大多数游客喜爱的一种出行方式。在泰国自助游有两种方式，全自助游和半自助游。

　　全自助游有最大的自由度，你可以根据自己的喜好有选择地游玩，但是选择全自助游需要做好充分的准备工作，查阅大量资料，制定详细计划，以防途中出现突发状况。全自助游适合没有什么牵挂的年轻游客。

　　半自助游需要做的准备工作相对少一些，但是出发日与回程日无法由自己把握，不能随意更改时间，相对来说要受一定限制。如果选择半自助游，你可以由国内的旅行社代订好往返机票与住宿的酒店，也可以自己预订机票与酒店，到了目的地时跟当地团参加旅游。半自助游的方式更适合带着孩子的父母。

潮爸辣妈提示

　　在外旅游，交通、购物、娱乐、景点门票等是很大的开支，如何在自助游中节约开支是父母需要考虑的问题，总结下来大概有以下几个方式：

1.旅行计划以重点区为核心，向周围辐射。

2.利用淡季优惠、提前购票等享受折扣。

3.泰国境内长途出行优选飞机，快速方便。

4.使用信用卡进行大额消费，攒积分。

5.以步代车，身体力行地感受景点。

6.在景区外食宿，中午携带方便食品或者便当填肚子。

7.筛选景点，选择必游、经典的景点，重复或者意义不大的景点可不游览。

8.慎买景区商品，可前往特色街区购物，能买到便宜且具有纪念意义的物品。

9.一家人出行，自驾、包车等更合适，安全且能省费用。

自驾游

前往泰国自驾旅行，最棒的体验就是开着自己的爱车直接从中国进入泰国。自驾入境泰国，除了有必需的护照、签证外，其他手续也需要办理齐全，如过关手续费、税费、第三国手续费等等。车子在人家国家开，是需要另外买保险的。所以大家一定要准备好关于车的相关证件。此外，每个乘车人的证件、车辆的证件包括保险全部随车携带，如果车辆不是驾驶人或者同车人所有，一定要有出借证明。

● 泰国自驾游须知

目前泰国公路分为三个级别：国家级公路、府级公路以及乡村级公路。尽管泰国公路较多，但由于长途汽车多，市中心的交通相对拥挤一些。行驶方向和中国大陆相反，靠左行驶，注意主动避让行人。此外还要注意小型摩托车和突突车，不要随意变更车道。

● 泰国自驾游需要注意的事项

1.泰国的道路几乎没有限速指示牌，一般公路最高限速130千米/小时。超速一般罚款100～200泰铢不等。泰国的高速公路收费方式有三种：Bangna-trat 按里程收费；Motorway 按站收费；市内快速道按站收费。只有大曼谷区的快速道需电子缴费，其他都可以使用现金，一般收费为40～50泰铢。

2.除了曼谷市中心，泰国大部分城市内均可随处停车，但停车前应该看清停泊地点会否阻塞交通。在市中心，大部分商场酒店均提供免费停车服务，非常方便，景点也有停车场（多数免费的）。违章停车，一般罚款200泰铢。若需要离开车辆，请携带好你的随身物品，或放置于后备厢等位置以降低被盗风险。

3.分清上下行车道很重要。与国内不同的是泰国是右舵车，左侧车道为行车的车道。与之相对应的，就是在十字路口，在泰国左拐车辆无须等待。

4.晚上开车或乘车尤其要高度警惕。在泰国晚上出车祸的概率大于白天，原因泰国人酒驾现象很普遍、加之晚上有疲劳驾驶的大货车或大客车司机，所以，如非很必要，晚上就在酒店里歇着为好，尽量不要驾车或乘车外出。

● 入境手续及材料

1.持本人有效护照及来泰签证、合法驾照（Valid Driver's License）、《车辆登记本》，在入境口岸的泰国海关办理手续。海关审核材料，现场打印《车辆入出境报关表》并留存原件，复印件退申请人。

2.持本人有效护照及来泰签证、《车辆入出境报关表》复印件到泰国移民局（与海关同一办公地点）办理手续，填写《入出境卡》（Departure & Arrival Card）、《车辆信息表》（Information of Conveyance TM2）、《乘客信息表》（Passenger List TM3）。移民局在申请人护照、出境卡、TM2表上盖入境章，将出境卡订在护照签证页，并留存入境卡、TM2及TM3表原件，复印件退申请人。

● 出境手续及材料

1.持本人有效护照及来泰签证、出境卡、TM2及TM3表的复印件，到出境口岸的泰国移民局办理手续。移民局将收回复印件、出境卡，在护照上盖出境章。

2.持本人有效护照及来泰签证、《车辆入出境报关表》复印件到海关办理手续。海关将收回复印件。

3.外国车辆一般在泰国停留不得超过30天。违者罚款为1天1000泰铢，最高不超过10000泰铢。

注意：

1.申请人如非车主，须提供车主《授权委托书》。

2.全车乘客均需持有效护照和来泰签证。

3.泰方退申请人的所有文件须全程随车携带备查。

4.擅自撕下或遗失出境卡，出境将受阻。

● 关于保险

泰国移民局规定，外国公民在泰自驾游，必须购买泰国本地的交通安全保险，投保公司、险种和保额不限。入境口岸有售最基本的交通强制险，此险只保受伤人员，不保车辆。

泰国交通事故赔偿主要依靠保险，额外索赔须通过民事诉讼实现，耗时耗力，肇事车主实际经济能力对索赔结果影响较大。建议出国前购买境外人身意外保险，入境时再购买泰国本地交通保险。

● 驾车注意事项

1.泰国右舵左行，有些路口没有红绿灯，务必减速，谨慎驾驶。

2.驾驶员需配备泰国地图GPS，如有必要须提前熟悉路线，不要为跟车而危险超车。

3.遵守交规，拒绝酒驾和疲劳驾驶。

4.发生意外，立即拨打泰国当地24小时报警电话191、救护车1669或1691。

潮爸辣妈提示

1.在泰国租车驾车(包括摩托车)须持有国际驾照或泰国本地驾照。仅持中国驾照在泰国驾车不受泰国法律保护，一旦产生责任事故，将承担相应风险和责任。泰国正规经营的租车公司承担车辆投保费用。租车前务必了解租车条款，确保车险有效。

2.申请泰国驾照，须持有在泰居留权(长期或短期居留均可，持落地签、旅游签证者除外)。

● 怎样加油

长途汽车燃油以无铅汽油为主，按升出售。大型车辆一般使用柴油。全国各地的加油站一般都能同时提供汽油和柴油，通常营业至晚上10点或午夜，油价通常在20～40泰铢/升之间，大多数都接受Visa卡和万事达卡，柴油一般比汽油便宜10%～15%，以人工加油为主。

最好的学习在路上

带孩子游泰国

PART2

带孩子游曼谷

077 ▶ 113

曼谷是泰国首都，被誉为"天使之城"，经济发达，是政治、文化交流中心。带孩子游曼谷，可以和孩子去水族馆或博物馆释放自己的童心，可以前往公园踏青，可以和孩子去湄南河周边追寻东南亚最具特色的集市景象，可以去暹罗广场等商场聚集地疯狂血拼，或者在乍度乍周末市场体验最有特色的当地集市，这一切一定让你流连忘返。

带孩子怎么去

优选直达航班

　　出国旅行，选择航班时，几乎所有人都愿意选择直达航班，都希望可以省却转机的麻烦，如今从中国乘坐飞机可以直接飞到曼谷的城市有北京、香港、深圳、上海等。而对于带着小孩子出行的父母来说，也非常愿意选择这样的直达航班。下面不妨参考一下下面的信息，选择相应的直达航班。表格中的出发时间以北京时间为准，到达时间是泰国当地时间。泰国的标准时间为格林尼治时间加7（GMT+7），不采用夏令时，比北京时间早一个小时。

　　从中国到曼谷，承运直达航班的航空公司主要是中国国际航空公司和中国东方航空公司，这两家公司都提供中文服务，适合于带着孩子、首次出境游玩的游客。

中国到曼谷的直达航班资讯						
承运公司	航班号	班次	路线	出发时间	到达时间	实际北京时间
中国国际航空公司	CA979	每天都有	北京→曼谷（素万那普国际机场）	19:45	23:45	00:45
	CA959	周二、三、四、五、六	北京→曼谷（素万那普国际机场）	13:40	18:05	19:05
	CA625	周三、周五	北京→曼谷（素万那普国际机场）	8:20	12:45	13:45
中国东方航空公司	MU9841	每天都有	上海（浦东国际机场）→曼谷（素万那普国际机场）	22:20	1:55	2:55
	MU547	每天都有	上海（浦东国际机场）→曼谷（素万那普国际机场）	21:40	00:55	1:55
	MU9839	周一、二、三、四、五、六	上海（浦东国际机场）→曼谷（素万那普国际机场）	8:55	12:20	13:20

承运公司	航班号	班次	路线	出发时间	到达时间	实际北京时间
中国东方航空公司	MU9853	每天都有	上海（浦东国际机场）→曼谷（素万那普国际机场）	18:45	22:25	23:25
	MU541	每天都有	上海（浦东国际机场）→曼谷（素万那普国际机场）	12:25	15:55	16:55
	MU9855	每天都有	上海（浦东国际机场）→曼谷（素万那普国际机场）	14:10	17:50	18:50
中国南方航空公司	CZ357	每天都有	广州（新白云国际机场）→泰国（素万那普国际机场）	8:50	10:50	11:50
	CZ3081	每天都有	广州（新白云国际机场）→泰国（素万那普国际机场）	12:40	14:35	15:35
	CZ3035	每周二、三、四、五、六、日	广州（新白云国际机场）→泰国（素万那普国际机场）	14:50	17:10	18:10
	CZ363	每天都有	广州（新白云国际机场）→泰国（素万那普国际机场）	16:00	17:55	18:55
	CZ361	每天都有	广州（新白云国际机场）→泰国（素万那普国际机场）	19:40	21:50	22:50
泰国国际航空公司	TG675	周一、二、三、四、五、日	北京→曼谷（素万那普国际机场）	6:50	11:05	12:05
	TG615	周一、二、五	北京→曼谷（素万那普国际机场）	17:05	21:20	22:20
	TG663	周三	上海（浦东国际机场）→曼谷（素万那普国际机场）	8:45	12:40	13:40
	TG665Q	周三、四	上海（浦东国际机场）→曼谷（素万那普国际机场）	17:20	21:15	22:15

PART2 带孩子游曼谷

承运公司	航班号	班次	路线	出发时间	到达时间	实际北京时间
泰国国际航空公司	TG679	每周一、二、三、日	广州（新白云国际机场）→曼谷（素万那普国际机场）	20:25	22:45	23:45
	TG669	周五	广州（新白云国际机场）→曼谷（素万那普国际机场）	14:40	17:00	18:00
	TG603	123457	香港→曼谷（素万那普国际机场）	7:50	9:35	10:35
	TG601	123457	香港→曼谷（素万那普国际机场）	13:25	15:10	16:10
	TG629	周一、二、三、日	香港→曼谷（素万那普国际机场）	15:00	16:45	17:45
	TG639	周一、二、三、四、日	香港→曼谷（素万那普国际机场）	18:55	20:40	21:40
	TG607	每天都有	香港→曼谷（素万那普国际机场）	20:45	22:30	23:30
泰国亚洲航空	FD531	周一、三、四、五、日	广州（新白云国际机场）→曼谷（廊曼国际机场）	23:55	01:55	02:55
	FD505	周二	香港→曼谷（廊曼国际机场）	19:50	21:35	22:35
	FD509	周二	香港→曼谷（廊曼国际机场）	10:45	12:40	13:40
	FD503	周二	香港→曼谷（廊曼国家机场）	20:50	22:45	23:45

具体信息以实际为准，此表仅供参考

巧法"倒时差"

由于泰国的曼谷时间和北京时间相差1个小时，因此父母和孩子来到曼谷基本上用不着再辛苦地倒时差啦。

从机场到曼谷市

泰国首都曼谷共有2个机场，分别是廊曼国际机场（Don Mueang Airport，DMK）和素万那普国际机场（Suvarnabhumi Airport，BKK）。其中，廊曼国际机场是泰国最大的国内航班升降机场，也有国际航班；素万那普国际机场多是国际航班在此起降，如今国内的北京、上海、广州等城市都有直飞这个机场的航班。

● 从廊曼国际机场出发

廊曼国际机场是曼谷重要的机场，从这里前往曼谷市区可以乘坐火车、公交车、出租车等交通工具。

■ 地址：222,Vibhavadi Rangsit Road, Don Muang,Bangkok
■ 网址：www.airportthai.co.th
■ 电话：02-5351111

廊曼国际机场至曼谷的交通		
交通方式	介绍	票价
火车	从机场的1号航站楼到Ari Airport Hotel酒店后通过走道前往廊曼火车站可以搭乘火车，可前往曼谷市中心的华南蓬火车站	不到10泰铢
出租车	乘坐出租车价格不是很贵，很方便	一般价格为400泰铢，包括公路费还有50泰铢的机场服务费。建议打表
公交车	公交车有29 、59、95、504等路；空调车有3条线路，包括4、10、29路	公交车票价根据车型的不同而不同，一般几泰铢

● 从素万那普国际机场出发

素万那普国际机场（Suvarnabhumi Airport）位于曼谷以东约30千米处，从该机场可选择乘坐机场快轨、机场巴士、出租车、公交车前往市区。

■ 地址：999 Bang Na-Trat,Racha Taeva,Bang Phli,Samut Prakan
■ 网址：www.suvarnabhumiairport.com
■ 电话：02-1321888

素万那普国际机场至曼谷市的交通		
交通方式	介绍	时间及票价
机场快轨	直达快线（Express）每20分钟一班；城市线（City Line）每15分钟一班。两条线路是相同的运行轨道，运营时间6:00～24:00	直达快线终点站为目甲汕车站（Makkasan），车程15分钟，单程票价150泰铢；城市线终点站为Phaya Thai，车程30分钟，单程票价15～45泰铢
机场巴士	机场巴士有4条线，分别是AE1：机场到是隆路（Silom Road），即轻轨（BTS）Saladang站；AE2：到考山路（KhaoSan Road）；AE3：到素坤逸路（Sukhumvit Road）；AE4：到华南蓬火车总站（Hualumpong Railway Station）	AE1、AE2、AE3线的运营时间5:00～00:00，每隔45分钟至1小时发车，票价是150泰铢；AE4线运营时间是9:00～00:00，每隔45分钟至1小时发车，票价是150泰铢

交通方式	介绍	时间及票价
出租车	可在G楼（即1楼，Ground Floor）的4、7号出口搭乘出租车	约400泰铢，50泰铢机场服务费，车程40分钟
公交车	可乘坐24小时免费服务的机场巴士（Shuttle Bus）到公交车中心（Bus Terminal），然后根据需要乘坐公交车	票价34泰铢

亲子行程百搭

曼谷百搭

曼谷的景点很多，足够一家人游玩两三天的时间，想要休闲点的话可以按照趣味博物馆之旅路线游玩，喜欢刺激好玩点的可以按照乐园探索线路游玩，喜欢自由点的也可以将这些路线自由搭配。要注意在途中休息一下，旅途的意义在于路上的成长过程。

曼谷百搭路线示意图

玩嗨线路之旅

搭乘轻轨BTS至Siam站下，步行可以到达，或可以搭乘公交15、16、25等路至Siam Paragon站可到

❶ 暹罗海洋世界 `2.5 小时`

Siam Ocean World

向东行驶，开往351号公路，大约22.4千米，耗时26分钟

❷ 巧克力庄园 `2 小时`

Chocolate Ville

开往暹罗路，经过旋晓的街道，大约11.6千米，耗时19分钟

❸ 曼谷野生动物园 `3.5 小时`

Safari World

出来后，沿着运河街开，直到开往305号公路，大约27.5千米，耗时34分钟

❹ 梦幻世界 `2 小时`

Dream World

乐园探索之旅

自驾车或租车前往

❶ 律实动物园 `1.5 小时`

Dusit Zoo

从八一路北向西行驶叭通古，到胡同，向左转，进入名大城路，大约5.2千米，耗时11分钟

❷ 曼谷水族馆 `1.5 小时`

Bangkok Aquarium

BTS/MRT：BTS Phrom Phong Station 站，从E5口出，走五分钟即到

❸ 曼谷人造冲浪乐园 `3 小时`

Flow House Bangkok

从驶奔向西行，到松树胡同，继续行街上拉玛第4号口，大约6千米，耗时11分钟

❹ 玫瑰花园 `2 小时`

The Rose Garden

趣味博物馆之旅

乘32、123、503等路公交车可到，也可从大王宫步行10分钟可到

❶ 国家博物馆 `2 小时`

National Museum

从胜利纪念碑打车前往，8分钟即可到达

❷ 曼谷玩偶博物馆 `3 小时`

Bangkok Dolls

乘坐地铁至乍都节公园站，即可到达

❸ 儿童探索博物馆 `3 小时`

Children's Discovery Museum

亮点

1. 大王宫：欣赏泰国建筑精华
2. 湄南河：极致美景
3. 考山路：热闹非凡
4. 暹罗广场：享受购物乐趣
5. 曼谷野生动物园：愉悦，亲切
6. 曼谷水族馆：海洋世界

大王宫

金碧辉煌的大王宫（Grand Palace）飞檐红瓦，非常壮观，尤其是在明媚阳光的照耀下，金灿灿的建筑显现金子般的光芒。它是泰国历代保存最完美、规模最大、最有民族特色的王宫建筑群，汇集了泰国装饰、雕刻、绘画等精华，相信小朋友们看过之后会非常震撼。大王宫内的建筑全是绿色瓷砖屋脊、紫红色琉璃瓦屋顶、凤头飞檐。玉佛寺内的玉佛是最不能错过的，玉佛在不同的季节都会穿不一样的衣服呢。

适合孩子年龄：8～12岁
游玩重点：看琉璃瓦屋顶、雕刻、绘画，感受大王宫的瑰璨

亲子旅行资讯

✉ 曼谷市中心昭披耶河东岸
🚌 从华南蓬火车站乘48、53路公交车即达；大王宫与考山路相距不远，步行前往约需20分钟
🌐 www.palaces.thai.net
💲 200泰铢
🕐 8:30～11:30，13:00～15:30（王室举行仪式除外）
☎ 02-6235500转3100

爸妈和孩子参观大王宫时，要注意一些参观禁忌：要脱鞋、不能穿无袖T恤、背心、短裤等，当然，如果小孩子当天穿的衣服不太符合要求，可以到入口处借用合适的衣服穿一下。建议参观过程中爸妈拿好大王宫门票，如果让小孩子拿在手中，可能会不小心弄丢，这样就没有办法凭借大王宫的门票顺利地参观玉佛寺和维玛曼宫了，这个门票在一周之内都是有效的。另外，注意在泰国参观的佛像时，不要用手触摸佛像。

考山路

适合孩子年龄： 6～12岁
游玩重点： 吃各种美食、到特色工艺品或纪念品小店挑选小物件儿

考山路（Khao San Road）非常热闹，是一个"深藏不露"的宝地，有数不清的跳蚤市场、书店、快餐店、工艺品店、特色纪念品店、小食摊、客栈、咖啡店、餐厅。这里的美食都极具泰国风味，深受很多人的喜爱，价格也普遍都很合理。考山路的街道纵横，各种档次的酒店和廉价旅馆遍布街区，临街的路边店铺，外币兑换点，各种风味的饭店、咖啡屋、按摩店铺以及本地特色的商品店，应有尽有。如果晚上想在考山路住宿的话，也是不错的选择，这里的旅馆干净整洁，而且价格不贵，深得人们喜爱。

亲子旅行资讯

✉ 曼谷考山路
🚕 素万那普国际机场打车到考山路大约30分钟左右，车费为370泰铢
💲 免费
🕐 全天

唐人街

曼谷的唐人街（China Town）热闹非凡、街道干净、建筑整齐，放眼望去，尽是写有中文的商店牌子、餐厅牌子。曼谷唐人街由三聘街、耀华力路、石龙军路3条大街及

适合孩子年龄： 6～12岁
游玩重点： 逛街、品中国美食小吃

很多街巷连接而成，是曼谷城区最繁华的商业区之一。这里保留着典型的中国传统文化和社区习俗特点，吸引着大量中国与其他国家的人们前来，十分热闹。带孩子来这里可以品尝地道的中国美食、买经典的中国商品，在很多街区充满了传统中式风格商铺建筑中，可看到贵州的茅台酒、北京同仁堂的丸药等物品。

亲子旅行资讯

📧 Khwaeng Talat Yot, Khet Phra Nakhon, Krung Thep Maha Nakhon

🚌 乘坐2、15、32等路公交车到Ratchadamnoen Klang Rd.下车，然后步行5分钟左右即到；也可以在素万那普国际机场打车到考山路30分钟左右，车费在370泰铢，还可以乘坐昭披耶快船（Chao Phraya Express Boat）的蓝线到N13号码头（考山路）下船，然后步行5分钟即到

💲 免费

🕐 全天开放

暹罗广场

　　置身于曼谷，怎能错过人气极旺的暹罗广场（Siam Square）呢？它位于曼谷市中心的繁华地段，聚集着泰国知名度极高的购物中心、国际连锁店、学校、书店、酒吧等，是曼谷乃至泰国的时尚潮流中的宠儿。如果你想带孩子到购物中心逛逛，无疑有很多选择，这里有MBK购物中心、暹罗百丽宫、曼谷中央百货购物中心等。从广场出发前往曼谷其他著名景点如暹罗海洋世界、国家体育场等也很便利。

　　暹罗广场上货摊、小商店等鳞次栉比，出售的货品因此也浩如烟海，真是让人看得眼花缭乱，包括音乐用品、书籍、饰品、服装等，挑选一些价格合适的带回去留作纪念也不错。

适合孩子年龄：6~12岁
游玩重点： 逛街、逛书店、买衣服、看表演或听音乐会

亲子旅行资讯

📧 曼谷吞湾暹罗广场1号

🚌 乘坐BTS（转轨）在Siam站下，或从考山路乘坐15、47、79、532路公交到达

💲 免费

🕐 全天开放

潮爸辣妈提示

　　如果在逛的过程中孩子走累了或烦了，不妨找一找暹罗广场上演出用的舞台。这里有很多不同形式和主题的表演以及精彩的小型音乐会上演，相信可以驱散孩子的疲倦和烦躁。另外，逛得疲惫不堪时还可以在广场中找座椅坐一坐。

梦幻世界

　　梦幻世界（Dream World）是个具有国际水平的乐园，同时也是泰国最大、最完整的主题

适合孩子年龄：6~12岁
游玩重点： 体验各种娱乐项目

乐园，有"泰国迪士尼"之称。这个深受众人欢迎的景点充满了欢乐气氛，除了刺激的娱乐设施如大峡谷急流、云霄飞车外，还可看到"世界七大奇景"的模型，还有建有各种奇形怪状的欧式建筑物，整齐地排列于道路两旁，美丽壮观，深受大小朋友欢迎。园内有4个游乐园区：梦幻世界广场、梦幻花园、奇幻世界、冒险乐园。进入园内可以感受最奇特的气氛、最好玩的娱乐设施、最精彩刺激的表演。极速动感、大峡谷急流泛舟、鬼屋历险、碰碰车、海盗船、过山车、小世界之窗应有尽有，可以说这里就是一个梦幻的童话世界，可以和孩子在这里收获一个奇妙的体验。

亲子旅行资讯

✉ 62 Moo1, Rangsit–Ongkarak Road,Thanya Buri

🚗 可乘坐出租车前往

ℯ www.dreamworld.co.th

💲 分1000泰铢和1200泰铢类型套票

🕙 周一至周五10:00～17:00，周六、周日及假日10:00～19:00

☎ 02-5778666

暹罗海洋世界

　　如果你来到了大型购物中心暹罗百丽宫（Siam Paragon）商场的地下一层和二层中，那么你便找到了曼妙的暹罗海洋世界（Siam Ocean World）。这里是海洋动物嬉戏游玩的天堂，是珊瑚群汇聚的宝地。小朋友们可以看到企鹅、海豹、八爪鱼、灰鲨、象鼻鲨、狮子鱼等动物，不仅能欣赏它们的表演，还可以和它们亲密地接触一番，可以喂喂胖胖的企鹅、摸摸漂亮的海星。当然也一定要去观看一场精彩的电影，或是乘坐玻璃底船观光海底世界，都很令人难忘。

适合孩子年龄： 6～12岁
游玩重点： 亲近各种海洋动物，增进人与动物之间的感情；看电影；乘坐玻璃底船

亲子旅行资讯

✉ B1–B2 Floor, Siam Paragon, 991 Rama 1 Road, Pathumwan, Bangkok

🚗 搭乘轻轨BTS至Siam站下步行可以到达，或可以搭乘公交15、16、25等路至Siam Paragon站可到

🌐 www.siamoceanworld.co.th

💲 11岁以上950泰铢，3～11岁儿童750泰铢，家庭套票（2位成人+2位15岁以下儿童）3700泰铢。另外，根据参加的活动项目不同，有多种套票供选择，如鲨鱼喂食、海底行走、玻璃船、5D电影院等众多项目

🕙 10:00～21:00

☎ 02-6872000

奇异世界展区

　　在这个展区中你可以看到很多妙趣新奇的海洋生物：可爱顽皮的小鳗鱼快乐地嬉戏着；很多有甲壳的小生物的外壳颜色变来变去，非常神奇。当然，也

可乘坐玻璃底船在船底观赏各种各样美丽的小鱼、大鱼、虾、蟹等。

深海暗礁展区

深海暗礁展区在奇异世界展区旁边，很好找。走到展区的大池子旁，能看到百余种生活在深海礁石地带的生物，真是让人大开眼界。

海洋展区

海洋展区毗邻深海暗礁展区，这里有名字奇特的狮子鱼和小丑鱼。要注意，狮子鱼体内有毒素，孩子和爸妈在参观时要注意安全；而小丑鱼多藏身在海葵有毒针的须间，多观察才能看到。

热带雨林区

沿着海洋展区往前走便到了热带雨林区，到了这里你会看到可爱的盲眼洞穴鱼，从名字也能大概猜测到这是一种什么样的鱼了吧？没

错，它们快乐而满足地住在黑暗的洞穴里，几乎不用眼睛就可以自由自在地在这里游荡。

岩石海岸区

岩石海岸区在地下二层，这里的海洋生物不比地下一层少，可以在这里摸一摸漂亮的海星和其他海洋生物。如果你赶来参观的时间比较巧，还可以看到精彩的喂食表演呢。

奇幻海洋区域

走在地下二层中，会发现这里最大的区域是奇幻海洋区域，爸爸妈妈可以和孩子一起手牵着手，在隧道中欣赏好看的虎鲨、色彩斑斓的石斑鱼、名字有点吓人的魔鬼鱼等。如果你想要一饱喂养鲨鱼表演的眼福，来到这里也会收获颇多，相传每次近20分钟的表演会让你大呼过瘾。

潮爸辣妈提示

游玩时，如果小孩子不会游泳，还是建议最好不要体验水下游玩项目，以免发生危险。

另外要特别注意的就是，如果孩子想要触摸海洋动物，爸妈陪伴最好，例如像海胆这样的海洋生物，它有比较尖锐的棘刺，因此注意照顾好孩子，不要被刺伤。

律实动物园

　　律实动物园（Dusit Zoo）原为曼谷王朝拉玛五世所建的一座御花园。园中遍植花木，环境幽美，因在律实王宫苑内，故又称律实动物园。拉玛六世执政后，此园对外开放。拉玛七世在位时，把"萱庵蓬御苑"和"萱集御苑"的梅花鹿迁此驯养。其后各地相继将珍禽异兽赠予这里。动物园内饲养着很多亚洲各地的珍禽异兽，还有许多鱼类和鸟类。此外，和孩子参观时还能在园内见到白臀犀牛、印度野牛等罕见的动物。

适合孩子年龄： 6～12岁
游玩重点： 亲近小动物

亲子旅行资讯

- ✉ IBT No.71,Rama 5 Road,Dusit 10300
- 🚌 乘坐18、28、108路巴士，528、515、542等路空调巴士可到
- 🌐 dusitzoo.org
- 🎫 成人100泰铢，儿童50泰铢
- 🕐 8:00～18:00
- ☎ 02-2812000

潮爸辣妈提示

　　陪着小孩子看完了动物，不妨到园中的小型游乐园中玩玩，这里是专门为小朋友们设计的游乐项目，在里面还能看到各种各样的游船。

曼谷野生动物园

　　曼谷野生动物园（Safari World）是无数珍稀野生动物们欢聚的乐园，这里有各种骆驼、长颈鹿、斑马、羚羊等，还有精彩纷呈的动物游艺表演，非常有趣。动物园里每天大概都有十场表演，如果和孩子一起想多看几场动物表演的话，还需要早点出发。动物园中的动物们都饲养在按照它们栖息条件设置的场地内，参观的游人既可以乘坐旅行车，也可以乘坐动物园提供的越野车，沿着园内公路进入各个场地，仔细参观它们的生活情景，你们一定会玩得不亦乐乎。

适合孩子年龄： 6～12岁
游玩重点： 看各种野生动物、鸟类等；看动物表演

亲子旅行资讯

- ✉ 99 Panyaintra Road, Samwatawantok, Klongsamwa,Bangkok
- 🌐 www.safariworld.com
- 🎫 成人700泰铢，儿童450泰铢
- 🕐 9:00～17:00
- ☎ 02-9144100

食草动物区

　　食草动物区，不用思考也知道这里满满的都是体型偏大一些的食草动物，因此目之所及，尽是成群的黑白条纹的大斑马、"背着两座山的"骆驼、身材

胖胖的鸵鸟、行动敏捷的羚羊、个子高高的长颈鹿等，它们一个个优哉地享受着属于它们的幸福，真是让人羡慕啊。看完这些大型动物，不经意间看到了葱郁的绿草地中，还有很多差点忽略的小精灵们：洁白的天鹅像是来自天上的仙女，那样圣洁而美好，惬意地游弋在波光粼粼的湖面上；还有那叫不上名字的鸟儿，叽叽喳喳……

猛兽区

可能很多小朋友刚刚听到这个展区的名字时会有些害怕，但是不要紧，这里动物有的时候还是很可爱的。猛兽区包括狮园、虎园、豹园、熊园等多个园区。来到狮园，能看到威猛雄壮的狮子，它们形态各异，有的做思考状，一动不动，而有的悠闲地静卧着，看着来来往往的人们，不管它们是什么神态和动作，都很有"人气"。

除了威武的狮子，还有猛虎、凶豹、憨熊，它们也都摆出各种"萌状"，尤其是那身材圆滚滚的憨熊，常常不知道做了什么动作就引得小朋友们捧腹大笑。可以隔着玻璃为它们拍摄，它们一点儿也不会介意。

看动物表演

动物园中有很多小动物表演，包括海狮表演、白鲸和海豚表演、蓝鹦鹉表演、黑猩猩拳击表演等。小朋友可以欣赏黑猩猩聪慧、机警、搞笑、幽默的表演，当然如果想和它们合影留念也可以，就是需要花点钱。有时候在观看园中海豚或白鲸表演时，还会看到很多人一边看着海豚们的表演一边跳着舞。

曼谷人造冲浪乐园

曼谷人造冲浪乐园（Flow House Bangkok）坐落在曼谷市中心的新景点，是一座人造冲浪乐园，有模拟真实海洋的波浪，可让人们享受冲浪乐趣，同时滑雪板、水上滑板等也可以让你和孩子玩个痛快，其困难度与挑战性让人如真实冲浪般的体验。带孩子来这里放松、清凉一下，绝对是来曼谷的不错选择。

适合孩子年龄：10~18岁
游玩重点：冲浪

亲子旅行资讯

✉ A-Square, Sukhumvit Soi 26 Klong-Toey, Bangkok 10110

🚌 乘坐BTS/MRT到BTS Phrom Phong Station 站，从E5口出，走5分钟即到

🌐 www.flowhousebangkok.com

💰 每小时750泰铢

🕐 周一至周五10:00~24:00；周六、日8:00~24:00

曼谷玩偶博物馆

　　曼谷玩偶博物馆（Bangkok Dolls）创造出各种精美的手工收藏的泰国玩偶，每个玩偶都由工匠们精心制作，是手工艺爱好者和玩偶控的天堂，展示包括各国的古董娃娃，同时还出售自制的手工娃娃。这里每天都接待来自世界各地的游客，特别适合带小朋友一起参观。这个博物馆很好地保护及展示了泰国传统木偶、傀儡艺术，它们身着泰国传统服饰，非常具有收藏价值。购买这里手工制作的玩偶是对传统艺术保护的支持。

适合孩子年龄: 6～12岁
游玩重点: 观看各种玩偶

亲子旅行资讯

- ✉ Alley, Makkasan, Ratchathewi, Bangkok 10400
- 🚗 从胜利纪念碑打车前往，8分钟即可到达
- 🌐 www.bangkokdolls.com
- 💲 免费
- 🕐 周一至周六8:00～17:00
- ☎ 02-2453008

儿童探索博物馆

　　儿童探索博物馆（Children's Discovery Museum）坐落于曼谷诗丽吉皇后公园，是泰国的第一座儿童博物馆。博物馆的建立旨在创立以孩子为中心的学习场所，强调孩子们的实践能力，让孩子们在欢乐的氛围下汲取知识。这里为孩子们提供了很多学习材料，以促进孩子们的全面发展。展览馆内分为诗丽吉皇后纪念展、我们的生活、科学、文化习俗、我们身边的科技、自然与环境、儿童活动、娱乐活动8个主题不同的部分。馆内还拥有3座展览馆以及户外活动空地。

适合孩子年龄: 6～12岁
游玩重点: 学习探索知识

亲子旅行资讯

- ✉ Children's Discovery Museum, Chatuchak
- 🚗 乘坐地铁至乍都节公园站
- 💲 成人70泰铢，儿童50泰铢，周二至周五15:00以后门票半价
- 🕐 周二至周五9:00～17:00，周六、周日10:00～18:00，周一闭馆
- ☎ 02-2724500

曼谷水族馆

一走进古老闻名的曼谷水族馆（Bangkok Aquarium），首先映入眼帘的便是馆内大厅陈列着的大海鲸骨架，很令人震撼，其次还有圆柱形的有机玻璃缸和几十个玻璃房，里面养殖着种类繁多的海洋动物。小朋友们可以在玻璃房外面观看异常漂亮的珊瑚礁、怪石嶙峋的海底、古代海底的沉船、美丽的观赏鱼等。看着看着，可能不禁会有一种来到了曼妙传神海底世界中的错觉。

适合孩子年龄： 6～12岁
游玩重点： 看海洋生物、5D电影、卡通片

亲子旅行资讯

- ✉ 50, Phahon Yothin Rd., Lat Yao, Chatuchak, Bangkok 10900
- 🌐 www.fisheries.go.th
- 💲 400泰铢
- 🕐 8:30～17:30
- ☎ 02-9405623

潮爸辣妈提示

畅游于偌大的水族馆中，爸妈也可以带着孩子去看精彩的5D电影，或观看播放的儿童卡通片。相关的信息可在水族馆的信息台前查询清楚，再决定去游览哪一个项目。

巧克力庄园

巧克力庄园（Chocolate Ville）像极了一个巨大的主题公园，里面有热闹的商铺、让人垂涎欲滴的美食餐厅、漂亮的灯塔等，着实让人留恋。餐厅大多拥有大型欧式户外庭院，里面除了传统美味的泰式食物外，还有来自不同国家的美食，这里的价格属于中等偏上。如果小孩子想要品尝的话，可以尝一下超级赞的冬阴功汤，口味不错，汤里加上少许奶后味道更佳。庄园本身又像是一个大迷宫，畅游其中，会看到美丽的运河风光、秀丽的灯塔、玻璃屋等，汇集了众多新鲜元素，一定不会让置身其中的观光者感到乏味无趣。

适合孩子年龄： 6～12岁
游玩重点： 观看灯塔、湖水、夜景，品尝泰式美食

亲子旅行资讯

- ✉ 351, Khan Na Yao, Bangkok 10230
- 💲 免费
- ☎ 02-3773738
- 🕐 16:00～24:00
- 🚃 搭乘BTS（轻轨）到Ekkamai或地铁（MRT）到Ladprao，然后打车前往

国家博物馆

爸妈如果想要自己的孩子多了解一些有关泰国的文化，更多地感受异国浓郁的风情，不妨到一起到泰国著名的国家博物馆（National Museum）看看吧。博物馆有30多个展馆，其展品有史前时代到近代的各种艺术品，其中最吸引人的是泰国各个时期的雕刻和古典艺术品，包括木偶和皮影戏用具、古代武器、壁画、石像、剪纸、象牙等，还有很多关于泰国历史风俗的展品。此外，馆中还收藏有泰国历代国王的御用物品，如黄金艺术品、乐器、车乘、衣服、王位象征物等，小孩子可以在馆中观看这些有着极高历史意义和价值的展品。

适合孩子年龄： 6～12岁
游玩重点： 看展示的乐器、珍贵的艺术品等

亲子旅行资讯

- 4 Th Na Phra That,Bangkok
- 乘32、123、503等路公交车可到，也可从大王宫步行10分钟可到
- www.thailandmuseum.com
- 200泰铢
- 周三至周日9:00～16:00
- 02-2241333

玫瑰花园

玫瑰花园（The Rose Garden）为介绍泰国传统文化和风俗习惯而修建，花园依湖而建，湖面游艇荡漾，湖上有精致小桥，湖边有中国式建筑，内陈设有中国古式的家具。在岸边碎石道上，爸妈可以和孩子一起坐马车或大象欣赏风景，非常惬意。

园内种植了许多不同颜色和品种的玫瑰及各种热带花卉，设有泰国民间文化展览厅，回廊内的橱窗里各式人物蜡像按泰国历史年代排列，千姿百态，栩栩如生。花园中还有游泳区、保龄球场等设施。

适合孩子年龄： 6～12岁
游玩重点： 赏花

亲子旅行资讯

- Km 32 Pet Kasem Road,Sampran, Nakorn Pathom,Bcmgkok
- 10泰铢，花园10泰铢，表演220泰铢，坐马车20泰铢，骑象20泰铢
- 8:00～18:00，节目表演时间为下午14:30～16:00
- 034-322544

民俗表演

玫瑰花园中有盛大的泰国民俗文化表演，表演由两部分组成，第一部分包括泰国的传统舞蹈、泰拳模拟比赛、剑术表演和泰国结婚仪式表演，这些节目会在泰国传统风格的民居中所设的室内舞台上表演；第二部分在室外进行，由憨态可掬的大象表演杂技。此外，在园中的泰国民间技艺生产示范场，还通过现场操作展示泰国古老的生产技艺，如缲丝、纺织、磨米、陶瓷制作等。

乍都乍周末市场

乍都乍周末市场（Chatuchak Weekend Market）是曼谷著名的市场，市场很大，购物区的面积差不多有10个足球场的面积那么大。这里有数不清的摊位，商品从家庭用品到手工艺品，从服装到首饰，从会跑会叫的动物到会释放香气的植物应有尽有，"只有想不到，没有买不到"是对这里最好的形容。当然这里人流量很大的一个主要原因也在于这里商品的价格较为合理公道，很多人都非常愿意接受，无论是一些传统漂亮的泰国服装、小物件等，只要懂得怎么砍价，价格还是很划算的。和小孩子一起来这里看看热闹，也很不错。

适合孩子年龄：6~12岁
游玩重点：逛市场、买泰国特色物品

亲子旅行资讯

Khwaeng Chatuchak, Khet Chatuchak

搭乘地铁MRT在Chatuchak Park站下车，或者在Kamphaengphet站下即到

免费

潮爸辣妈提示

因为市场比较大，人也比较多，所以一定要看好自己的孩子，以防走丢。打算出发前往市场前，不妨为孩子穿上颜色比较鲜艳的衣服，这样逛市场期间也比较好认。

曼谷其他景点推荐

中文名称	英文名称	地址
四面佛	Erawan Shrine	Thanon Ratchadamri, Lumphini, Pathum Wan, Bangkok
卧佛寺	Wat Pho	2 Sanamchai Road, Grand Palace Subdistrict,Pranakorn District, Bangkok
旧国会大厦	The Ananta Samakom Throne Hall	Khwaeng Dusit, Khet Dusit, Krung Thep Maha Nakhon
蛇园	Snake Farm	1871Henri Dunant Rd., Pathumwan, Bangkok
曼谷艺术文化中心	Bangkok Art and Culture Centre	939 Rama I Road Wongmai, Bangkok
曼谷杜莎夫人蜡像馆	Madame Tussauds Bangkok	6th Floor, Siam Discovery, 989 Rama I Road, Bangkok
国家艺术馆	National Gallery	Thanon Chao Fa, Chana Songkhram, Phra Nakhon, Bangkok

中文名称	英文名称	地址
蓝毗尼公园	Lumphini Park	位于Salangdaeng BTS Silom地铁站旁
九世王御园	Suan Luang Rama IX Park	Chalermprakiet King Rama 9 Road, Phrawet District
纪念桥	Memorial Bridge	Khwaeng Wang Burapha Phirom, Khet Phra Nakhon, Krung Thep Maha Nakhon
暹罗博物馆	Siam Museum	Sanam Chai Rd., Phra Borom Maha Ratchawang, Phra Nakhon, Bangkok
乍都节公园	Chatuchak Park	Chatuchak Park, Thanon Kamphaeng Phet 3, Lat Yao, Chatuchak
班哲希利公园	Benjasiri Park	Benjasiri Park, Thanon Sukhumvit
考艾国家公园	Khao Khiao National Park	曼谷东北200千米处，呵叻城西南部
死亡博物馆	Siriraj Medical Museum	2 Prannok Road, Bangkok Noi, Bangkok
加德满都摄影艺术馆	Kathmandu Photo Gallery	87 Pan Rd., Silom, Bangkok
莎兰隆公园	Saranrom Park	bounded by Th Ratchini, Charoen Krung & Sanam Chai
泰国法政大学	Thammasat University	Khlong Nueng, Khlong Luang, Pathum Thani

跟孩子吃什么

在曼谷，如果不享受一番东南亚美食带给你味蕾的极大满足会是一种巨大的遗憾。这里，当之无愧是一个融合了无数美食的宝地，曾经"诱惑"了无数美食达人。那么带着孩子来到曼谷，不妨多尝尝当地正宗的曼谷特色美食，记住这令你和孩子都难忘不已的味道。

曼谷的特色美食

和孩子在曼谷游玩，你永远也不用担心会找不到美味的食物满足你们的胃口，因为放眼望去，曼谷尽是美食云集，像是香喷喷的菠萝炒饭、营养价值极高的泰国国菜冬阴功汤、诱人的河粉、令很多小孩子都垂涎欲滴的芒果糯米饭等，每一样都能俘获品尝人们的胃。来到这里，不妨就多带着孩子一起品尝那些和水果有关的曼谷美食吧。

● 曼谷水果美食大聚会

和孩子来到曼谷，很容易尝到众多热带水果，不过这里除了新鲜的水果之外，还有很多用水果做成的美食，如果你们感觉品尝诸如芒果、木瓜、菠萝、椰子等不过瘾，那就来尝一尝青木瓜沙拉、美味的水果奶昔、菠萝炒饭、水果沙拉等美食吧。

青木瓜沙拉

如果想尝试一下凉爽美味的开胃菜，选择青木瓜沙拉（Som Tam）就不会错了。既然是人们喜爱的开胃菜，那一定有很多开胃的成分，没错，这道菜中将沙拉中辣椒的辣味、青木瓜的鲜脆口感、生菜与花生颗粒等荟萃在一起，想没有胃口都难呢！当然，如果和孩子品尝青木瓜沙拉时想要加上点其他东西，也是可以的，比如加上一些鱼露、虾酱、蒜头等，会更加美味。

泰式菠萝炒饭

泰式菠萝炒饭（Fried Rice With Pineapple）是一道将水果很好地融入菜肴中的热门美食，它是将泰国香米和菠萝、什锦蔬菜等一起用大火快炒。在上桌时，将炒好的米饭放在菠萝里，很美观。泰国香米的香气，配上水果蔬菜的新鲜感，吃起来既酸又咸，还带有一点甜，吃一口就让人食欲大增。如果

搭配腰果一起食用，那味道，一定会让品尝过的你们印象深刻。

很多人还会直接将曼谷各种各样的热带水果加上奶昔、冰块，放到搅拌机里搅拌后就成了一杯冰爽带着水果清香还有牛奶醇香的水果奶昔，在天气炎热的时候，喝上一杯水果奶昔，真是惬意无比。

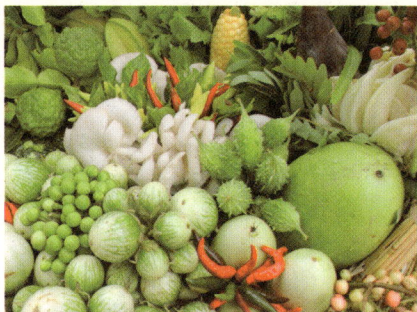

● 曼谷水果趣闻

既然水果为这座城市增添了如此多的美味和色彩，那么下面就解读一下那些诱人的、琳琅满目的热带水果吧，芒果、菠萝、榴梿、山竹、荔枝、多汁又便宜的椰子等，这些数也数不清的热带水果，究竟有什么深藏的"秘密"呢？

和很多地方一样，不同的时节来到曼谷，可以吃到的水果是不同的，比如从1月至4月可以吃到爪哇苹果、橘子、西瓜和石榴、芒果、荔枝、菠萝、榴梿和山竹等；如果你是7月份左右来到曼谷，那么龙眼、黄皮、红毛丹及人参果等便是你们的"囊中之物"了。如果没有刻意选择月份，不管什么时候来这里，都可以很容易地买到，如橘子、葡萄、西瓜、香蕉、椰子、菠萝等。

美味的热带水果

山竹

山竹，这个有着俏皮外形的热带水果被誉为"热带水果之后"，享有很高荣誉。在曼谷还有很多有关山竹的其他饮品或美食，包括可口美味的山竹饮料、山竹蛋糕等。

龙贡

龙贡从形状上来看非常像龙眼，很多人便直接将它当作龙眼品尝了。其实龙贡比龙眼略大，剥开后会发现它的果肉和龙眼、荔枝很像，可以分成几瓣来吃，味道独特，清甜味美。

红毛丹

红毛丹从外形上看，也是一位"国色天香"的美女了，除了可直接生吃外，更可以做成果酱、调味酱及冰激凌，味道会很不错。

木瓜

木瓜在泰国有口感绵软的红色果肉的木瓜，青木瓜可用来制作泰式青木瓜沙拉，也可直接蘸盐、糖和辣椒食用。

芒果

芒果也可以做成各种不同美味的食物，比如芒果糯米饭，这在曼谷很容易看见，另外还可以用芒果搭配糯米饭及椰奶，或者将牛芒果切片蘸甜鱼露来吃，那个味道，真是吃了还想吃第二次。

波罗蜜

波罗蜜相比其他水果体型算是较大的了，可直接生吃或搭配糯米饭吃，还可以用来制作蔬菜咖喱。

释迦

释迦的外皮有一粒粒的突起物，状如佛头，因此被形象地称作释迦。可以加椰奶制成冰激凌。

甜罗望子

甜罗望子味道酸中带甜，直接吃就好了，或做成甜点、糖果或浓缩的果泥味道更不错。

除了这些水果外，如果想要在曼谷买一些水果干，也非常棒。你可以到曼谷超市中、芭堤雅的水上市场，或莲花、家乐福等地方去买。这些地方水果干的品种都非常多，有菠萝干、芒果干、榴梿干等，很好吃。

孩子最喜欢的餐厅

和孩子来到曼谷，不享受一番泰国的美食怎么行？当然，享受是享受，也要注意不要在琳琅满目的美食面前没有"自制力"。在曼谷除了能方便品尝具有浓郁泰国风情的东南亚美食外，也可以品尝到很多具有家乡味道的中国菜品，无论是川菜、鲁菜、粤菜抑或其他中国菜系，都不会让你和孩子感到失望。

● Steve Cafe & Cuisine

和孩子来这家比较地道的泰国餐厅也很不错，这里提供很多口味不错的泰式家常菜。它坐落在湄南河畔，餐厅所在的建筑是一间河畔老屋，历史悠久，店内装饰比较复古。用餐区分为室内和室外，建议在室外用餐，可以一边品尝地道的泰式家常菜，一边欣赏湄南河畔美景。

■ **地址**：68 Sri Ayudhaya Road, Soi Sri Ayudhaya 21, Vachiraphayabaan, Dusit, Bangkok
■ **交通**：搭乘公交船到Dhevet站下，步行可达　■ **网址**：www.stevecafeandcuisine.com
■ **开放时间**：周一至周五11:30～14:30，16:30～23:00，周六、周日11:30～23:00
■ **电话**：02-2810915

● 中国城银都鱼翅酒楼

想到曼谷闻名遐迩的餐厅吃一顿地道的中国菜，这家名为中国城银都鱼翅酒楼的地方不能错过。这里的价格依照不同等级有着不同的价钱。爸妈和孩子可以尝尝这里的冰糖燕窝、海参粉丝蟹钳、咖喱皇炒蟹等，很有中国味儿，小孩子也能吃得惯。

■ **地址**：China Town-483-5 Yaowarej Road Corner Chalermburi
■ **交通**：坐船返回大殿码头后，乘出租车可前往
■ **网址**：www.chinatownscala.com ■ **电话**：02-6230183

● 建兴酒家

　　很多小孩子都比较喜欢吃海鲜，那么可到这家名为建兴酒家（Somboon Seafood）的老字号餐厅来大饱口福。建兴酒家在曼谷几条繁华街道上也开设有多家分店，生意火爆。咖喱炒蟹是店内招牌菜，味道正宗，远近驰名，很受欢迎。

■ **地址**：895/6-21 Soi Chula 8,Bantadthong Rd.Bangkok
■ **交通**：坐船返回大殿码头后，乘出租车前往唐人街可达
■ **电话**：02-2164203

● Nara

　　这是一家深受中国人欢迎的餐厅，据说这家店连续几年都是曼谷排名最棒的酒店. 环境氛围还不错，地点就在四面佛旁边的地下一楼。可以带孩子试试炒咖喱蟹，这是Nara的招牌，用整只螃蟹加上泰式香料、咖喱还有蛋液做成的，吃起来香香辣辣甜甜，只是价格不低，要950泰铢。此外也可以试试香兰叶包鸡与凉拌炸木瓜丝。只是这家餐厅虽然声名在外，但是空间并不大，加上人气高，位置不是太好找，得提前预订才行。

■ **地址**：7th Floor, Central World Beacon Zone,Bangkok
■ **交通**：坐BTS到Chit Lom站，步行到中央世界商业中心（central world）购物中心寄到
■ **营业时间**：周一至周日10:00～22:00 ■ **电话**：02-61316589

● 星空餐厅

　　星空餐厅（Sirocco Restaurant）被誉为"亚洲最宽敞的露天顶级餐厅"。如果晚上到餐厅的露台上享受餐点的话，可以俯瞰曼谷璀璨而迷人的夜景。另外，餐厅的每晚还有爵士乐现场表演，可以带着孩子一起欣赏，感觉很不错。

■ **地址**：1055 State Tower,Silom Rd.Bangkok
■ **交通**：搭乘轻轨到Saphan Thaksin站下
■ **网址**：www.lebua.com ■ **人均消费**：3000泰铢
■ **开放时间**：18:00～1:00，最后点餐时间23:30 ■ **电话**：02-6249555

● 昭披耶公主号游船餐厅

在夜晚时分，如果想要和孩子一边乘坐邮轮观赏湄南河的美丽的夜景，一边享受着诱人的美食，不妨一起乘坐"昭披耶公主号"游船，然后在船内的餐厅（Chao Phraya Princess Dinner Cruise）中享受一顿自助餐，这里的菜品除了传统泰式风味，也有其他国家的佳肴等待你们的品尝，饮料和甜品也很不错。另外，船上有时还会有爵士乐歌手演唱。

■ 地址：River City Pier,Bangkok　■ 电话：02-8603700

● Queen Of Curry

到这家餐厅，可以品尝到很多正宗的美食，无论是传统美食还是较现代的菜品，都能找到。来到这家餐厅，不妨尝一下闻名整个泰国的冬阴功汤、蟹肉炒饭、鱼肉饼等，相信会很难忘。

■ 地址：49 Thanon Charoen Krung Soi 30,Bang Rak,Bangrak Bangkok
■ 电话：086-5597711

曼谷其他餐厅推荐

名称	地址	电话	营业时间
Ban Ice	99/203 Thetsaban Song Khro,Lat Yao,Chatuchak,Bangkok	02-5894875	11:00～22:00
Rain Maker Cafe and Studio	3/1 Thetsaban Rangrak Tai,Pracha Niwet 1,Lat Yao,Chatuchak,Bangkok	02-9538057	周一至周六 9:00～18:00
Yok Yor	762 Lat Ya,Khlong San,Bangkok	02-4371121	15:00～次日0:30
Khrua Sa Rotchat	177/1 Vibhavadi Rangsit 13,Lat Yao, Chatuchak,Bangkok	02-9363982	11:00～23:30
Aroy Ocharot	575 Lat Ya,Somdet Chao Phraya, Khlong San,Bangkok	02-4373069	10:30～14:00、 17:00～23:00
Terrace 61	61 Moo 7 Ram-Inthra Road, KhanNaYao,Bangkok	02-9180780	11:00～午夜

和孩子住哪里

曼谷的住宿设施比较完善，和孩子来到这里，父母不用担心找不到令你们心仪的下榻之地。在曼谷，无论是高档的五星级酒店、价格适中的中档型酒店，还是经济实惠的青年旅舍，都能从这里找到。爸妈可以和孩子按照自己的计划和预算来选择住宿地。如果要住中高档酒店的话，可以选择在暹罗广场周围和是隆路、素坤逸路这两条商业街，交通便利，有轻轨和地铁；想到便宜一点的地方，可考虑考山路周围，这里的家庭旅馆比较多，同时这里也是很多背包客钟爱的住宿之地。

● Prakorp's House&Restaurant

这是一家很有情调和氛围的下榻之地，房屋内部的空间不大，有柚木制作的地板，清静整洁，受到很多旅行的人们的欢迎。在这里还可以品尝到考山路中极好的咖啡，很不错。

■ 地址：52 Th Khao San, Bangkok
■ 电话：02-2811345

● 考山皇宫酒店

考山皇宫酒店（Khaosan Palace Hotel）位于考山路附近，交通比较方便，非常有人气，下榻在这里，可以很方便地带着孩子到考山路逛。酒店有电梯和游泳池等设备，豪华间带空调、有线电视和热水。这家酒店门口还有方便人们购物的便利店。

■ 地址：139 Khao San Road, Phranakorn, Bangkok
■ 网址：www.khaosanpalace.com
■ 电话：02-2820578

● Millennium Hilton

如果想带孩子住在位于昭披耶河沿岸的下榻地，这里则是一个不错的选择，居住之余，还可以带着孩子欣赏河岸美丽的风景，同时从这里最上层的酒吧的一个窗户往外看，可以尽情俯瞰曼谷到的迷人的夜景。当然，这里的住宿条件也比较让人满意，室内的采光效果不错，几乎每个房间里都有宽大的落地窗。

■ 地址：123 Charoen Nakhon Road, Bangkok
■ 网址：www.bangkok.hilton.com
■ 电话：02-4422000

● Dang Derm Hotel

这是一家温馨舒适、极具泰式风情的中档旅馆，共有6层，摆放有泰式木床及众多具有泰国特色的家居用品，很具有泰国风情。这家旅馆的房间中的设施配备齐全，包括有电视、冰箱等。

■ 地址：1 Khaosan Road, Taladyod Phranakorn, Bangkok
■ 网址：www.khaosanby.com
■ 电话：02-6292040

● The Train Inn

这是一处经济型的下榻地，位于华南蓬火车站附近。里面室内干净美观，装修得五彩缤纷，而且有免费的无线网络提供。这里还有一个优点就是交通比较方便，距离一些咖啡厅和休闲地方都不远。

■ 地址：428 Rong Meuang Road, Bangkok
■ 网址：www.thetraininn.com

● Wendy House

这是一家很干净且现代化的下榻之地，房间内都有空调、独立卫浴、洗浴用品。另外还提供免费早餐、免费无线网络等服务。

■ 地址：36/2 Soi Kasemsan 1, Rama 1 Road, Bangkok
■ 网址：www.wendyguesthouse.com
■ 电话：02-2162436

曼谷其他住宿推荐

名称	地址	网址	电话
Siam Swana	359/1 Soi Phayanak, Petchaburi Road, Bangkok	www.siamswana.com	02-6110191
Asia Hotel Bangkok	Phayathai Rd. Phayathai Bangkok	www.asiahotel.co.th	02-2170808
Imm Fusion Sukhumvit	1594/50 Sukhumvit Rd. Bangkok	www.immhotel.com	02-3315555
Dang Derm Hotel	1 Khaosan Road, Taladyod Phranakorn, Bangkok	www.khaosanby.com	02-6294449
Unico Premier MetroLink	57 Asoke Dindaeng Road, Makkasan, Bangkok	www.unicopremiermetrolink.com	02-6529000
Bed Bangkok Hostel	11/20 Sukhumvit 1, Sukhumvit Rd., Bangkok	www.bedbangkok.com	02-6557604
Fortville Guesthouse	9 Phrasumen Road, Channasongkram, Phranakorn, Bangkok	www.fortvilleguesthouse.com	02-2823932
Nasa Vegas Hotel Bang-kok	44 Ramkhamhaeng Rd. Hua Mak, Bang Kapi, Bangkok	www.nasavegashotel.com	02-7199888
Suk11 Ho-stel	1/13 Sukhumvit 11, Bangkok	www.suk11.com	02-2535927

给孩子买什么

曼谷是泰国无可复制的购物乐土，其购物美名在整个东南亚都是闻名遐迩的。在这里，无论是想要逛世界各地的名牌商品店，还是各种泰式民风淳朴的水上市场，或者是一家人来到传统工艺品和特产遍布的购物地，都能淘到不少好东西，让你们感到不虚此行。另外，在泰国想要逛名品店，买一些名牌服饰也非常划算，因为在曼谷可以看到不少世界各地的名牌工厂。

不可错过的购物地

和孩子在曼谷购物，如果父母想要到高档商店中逛一逛，不妨到著名的暹罗广场看一看；如果想买比较有特色的特产或是纪念品的话，那么推荐到素坤逸路、隆路、考山路等热门区域。当然，如果想要在曼谷的打折季节来这里购物，不妨一家人选择在每年的6月和12月前来，相信可以享受到不错的折扣。

● 曼谷市区的购物地

和很多大城市一样，曼谷市区内的购物场所也非常多，琳琅满目的商品让人眼花缭乱。父母和孩子一起购物的话，不妨爸爸或妈妈其中的一个人先在购物场所的附近找家咖啡店或者娱乐城，带着孩子玩，另一个人拿着列好的购物清单直奔目的地，以较快的速度完成购物计划，然后继续游玩就好了。

曼谷市区购物地推荐

店铺名称	简介	地址	营业时间息
暹罗中心（Siam Lenter）	多为年轻人的服饰商品，琳琅满目，3楼多是泰国设计师服装品牌，很潮很时尚更很国际范	989 Rama 1 Road, Pathumwan,Bangkok	10:00～22:00
暹罗百丽宫（Siam Paragon）	以名牌为主，包括手表、珠宝、高级服饰	991/1 Rama 1 Road, Pathumwan,Bangkok	—
暹罗发现中心（Siam Discovery Center）	位于暹罗广场周围，拥有多个世界知名品牌，如North Face、MAC cosmetic、Kipling等，这里还有美食街和影院	989, Rama l Rd. Pathum Wan, Pathumwan, 10330, Bangkok	10:00～22:00
MBK中心（MBK Center）	这里有很多超市和卖场，共7层。有众多泰式风格的商品，还有日本商店。可以砍价	4448flr.Phayathai Road, Wangmai, Patumwan, Bangkok	10:00～22:00
中央百货购物中心（Central World Plaza）	这里包括影城、饭店等。在这里可以买到知名品牌的商品，包括Boots、欧莱雅、黛安芬、华歌尔等品牌等	494 Rajdamri Rd. Bangkok	10:00～22:00
恰图查克周末市场（Chatuchak Weekend Market）	市场很热闹，有很多极具价值的古董、民族服饰、特色小吃、工艺品等	曼谷市郊，乘地铁到甘烹碧站下即可，或乘轻轨到莫奇站下	8:00～18:00
帕蓬夜市（Patpong Night Market）	每天傍晚时分，路边会聚集各种小摊，大多营业至夜深。大部分摊贩摆卖的主要是T恤、袋子、手工艺品和纪念品	帕蓬路（Patpong）	19:00至次日凌晨1:00
吉姆汤普森泰国丝绸店	这里有长裙子、服装、小物品	9 Th Surawong	9:00～21:00
四面佛购物中心（Erawan Bangkok）	位于四面佛不远处，主要走高端路线。在这里，可以买到各种各样不同款式、风格的服饰、鞋帽等，还有珠宝	494 Ploenchit Road,Lumpini, Pathumwan, Bangkok	10:00～22:00
凯蒂猫之店（Sanrio Hello Kitty House）	这家商店楼高3层，除了卖Hello Kitty精品外，还有餐厅以及按摩、指甲护理以及脸部护理服务。餐厅出售简单的糕点以及泰式料理	37/6，Pathum Wan,Siam Square One, Ground Floor, Siam Square, Bangkok	10:00～22:00

在曼谷的出行

　　和孩子在曼谷出行，有很多交通工具可以选择，非常方便，包括地铁、轻轨、公交车、出租车、嘟嘟车、渡船等。因为出行时要带着孩子，所以还是不要在城市拥堵的时间段搭乘市内交通工具，那样会很不方便。父母带着孩子，想要节约旅游经费，可以带着孩子体验曼谷的地铁、轻轨、公交车等；想要享受舒适便捷的父母，可以带着孩子包车游玩。

公交车

　　乘坐曼谷市内的公交车出行非常方便，城市中的公交车服务线路遍布整个城市。曼谷市内的公交车分为空调车和普通车两种，其中空调车也有不同的颜色，比普通车肯定要贵一些，其中蓝白相间的空调车，车票为8千米内8泰铢，超过8千米每2千米增加2泰铢，最高票价24泰铢；而红白相间的空调车则是25～30泰铢不等。曼谷的大部分公交车线路首末车时间是5:00～23:00，红白相间的普通夜班车首末车时间是22:00至次日5:00。

潮爸辣妈提示　　建议乘坐曼谷公交车时，最好不要带孩子在7:00～9:30、15:00～18:00这两段时间出行，因为那些时间正是高峰期，看着道路上的车子因为拥挤一点一点地往前挪，想必孩子和父母都会不耐烦吧，因而出行尽量避开这样的"非常"时段。

地铁

　　曼谷中的地铁为城市的出行提供了更多便利，地铁从城市北端连到城市中心，沿途停靠十几个车站，包括4个连接轻轨的车站、1个连接机场的车站。单程票价从14泰铢起，每两站加2泰铢，最多36泰铢。通票一日票120泰铢，3日票230泰铢。从早上6:00到午夜，每隔7分钟就有一辆车开出；早上6:00～9:00以及下午4:30分到晚上7:30的高峰时间，车次更加频繁，不到5分钟就有一班，曼谷地铁的运行时间为6:00～24:00。

● 地铁储值卡你知道多少

　　在购买曼谷地铁储值卡（MRT Stored Value Card）的成人卡时，首次230泰铢，内含50泰铢押金和30泰铢手续费，其余的为卡内余额，有效期2

年，没有票价折扣。轻轨储值卡首次购买130泰铢，内含30泰铢押金和30泰铢手续费，其余的为卡内余额，有效期5年，没有票价折扣；地铁和轻轨的车票不能通用，在换乘的时候，需要重新买票进站乘车。

● 兔仔卡

有去过曼谷、搭乘过地铁或者轻轨的人应该都知道，排队买车票是很花时间的，特别是一些人多的站，如果遇上上下班的高峰期，光买票就需要花上十几分钟，因此，买上一张地铁和轻轨通用的兔子卡就能节省不少时间了。

Rabbit Card一般称为兔子卡，因为卡片的上面就是一个简单线条所描绘出来的兔子造型。这是泰国BTS集团下曼谷智能卡系统有限公司推出的一款电子货币包功能卡，可以乘坐BTS（轻轨）和BRT（地铁），但是MRT和机场快轨，目前还不能使用。

兔子卡购买及面值

购买兔子卡，最方便的地点就是BTS（轻轨）的车站，到服务窗口对着里面的工作人员说你要买Rabbit Card即可。兔子卡的基本售价是100泰铢，这里面包含了50泰铢的卡片工本费（退款时不会退的）和50泰铢的保证金（退款时可以退回的）。每一次储值的金额以100泰铢为单位，因此购买兔子卡的时候最基本的费用是200泰铢。

花了200泰铢购买的兔子卡，扣掉50泰铢的工本费之后，里面有100泰铢的车资以及50泰铢的保证金，其中保证金的部分是让用户有一次扣款超过时使用的，当兔子卡里的车资不足抵扣当次的费用时，就会从保证金的部分来补足这个费用，而当一张兔子卡使用到保证金的时候，需要进行储值才可以再使用它来进入车站。

兔子卡的使用

兔子卡的使用相当简单。 如果你是搭乘BTS或是BRT的话，在进入车站的时候只要将卡片接触一下入口闸门上方的感应区，闸门就会打开。出站的时候也是一样，只要轻轻地接触一下感应区即可。 至于兔子卡内的剩余金额，在闸门的屏幕上会显示。

兔子卡的其他用途

兔子卡除了可以乘坐交通工具，还可以在一些快餐店或者咖啡厅使用，麦当劳、星巴克、汉堡王、赛百味等快餐店都可以使用兔子卡。

轻轨

曼谷还有2条轻轨线（BTS）——素坤逸线（Sukhumvit Line）和是隆线（Silom Line）。深绿色的是是隆线，浅绿色的是素坤逸线，前者从国家体育场（National Stadium）开往沙潘塔克辛（Saphan Taksin），后者从安努（On Nut）开往莫奇（Mo chit）。在Siam站可以进行两线互相换乘；在Sala Daeng

站、Mo Chit站和Asok站可以换乘曼谷地铁。从6:00点到午夜，两条路线上的车次频繁。随目的地不同，车费从15泰铢至60泰铢不等。如果一日乘坐车票资费超过120泰铢，则可以考虑购买轻轨一日票，票价120泰铢。购买一日票的好处还有可免除排队买票的时间。一日票必须在轻轨站内服务处购买，服务处开放时间是8:00～22:00。一日票只能在轻轨系统里使用，不能在地铁系统内使用。

渡船

在曼谷，乘坐观光渡船游览是一件很有趣的事情。渡船主要由昭披耶河快船和曼谷市政当局经营。昭披耶河快船的渡船从南部Tha Wat Ratchasinggkuon码头到北部暖武里，沿途可欣赏拉塔那古辛岛、帮兰普和是隆路的部分景观，运行时间为9:00～16:00；曼谷市政当局经营的渡船线路则往返暹罗广场和帮兰普之间，可以根据自己观光的具体目的地选择乘坐哪种渡船。渡船的一日游船票为150泰铢左右。

另外，湄南河快船公司（Chao Phraya Express）也是曼谷经营观光客船的公司，可以把观光的人们沿湄南河送到曼谷南端和北端。该公司的船分为3种快船（Express）、慢船（Local）和游览船（Tourist Boat）。

● 慢船

慢船（Local）这家公司运营的慢船航线往来于曼谷中南部、暖武里（Nonthaburi）以南的大多码头，停靠频繁。经营时间：周一至周五6:00～8:30、15:00～18:00；票价：9～13泰铢。

● 游览船

游览船（Tourist Boat）提供大量的座位及英语解说，乘坐起来比较惬意和方便。游览船从沙吞码头（Tha Sathon）出发，可以开往不少的景观码头，向北最远到Tha Phra Athit。经营时间：9:30～16:00；票价：一日游票价为150泰铢。

● 快船

快船根据所插不同颜色的旗帜可以分为橘色快船、黄色快船、黄绿色快船和蓝色快船4种。

橘色快船

橘色快船（Orange Express）往来于Wat Ratchasingkhon寺和暖武里之间，途中在各大码头停靠。 经营时间：周一至周五5:50～18:40；周六和周日6:00～18:40。票价：14泰铢。

黄色快船

黄色快船（Yellow Express）往来于Ratburana和暖武里之间，途中在各大码头停靠。经营时间：周一至周五6:10～8:40；15:45～19:30。票价：19～28泰铢。

黄绿色快船

黄绿色快船（Green-Yellow Express）只在高峰时间运营，会把观光的人们送到Pakkret码头。经营时间：周一至周五6:15～8:05；16:05～18:05。票价：19～28泰铢。

蓝色快船

蓝色快船（Blue Express）也只在高峰时间运营，会把人们送到暖武里码头。经营时间：周一至周五7:00～7:30；17:35～18:05。票价：11～32泰铢。

其他类型船

曼谷的公交船（Chao Phraya Express Boat）分橙线（快线）、黄线（快线）、绿线（快线）、本地线（无色，普通线）和蓝线（旅游观光专线），中央码头（Central Pier）为始发站。与公交船功能类似的摆渡船（Cross-River Ferry）往返于湄南河两岸的渡轮，至对岸约5分钟。长尾船（Longtail Taxi）为水上出租车，不是公交船，速度快而且可以去到很小的运河，包括水上市场，但价格较高。

嘟嘟车

嘟嘟车（Tuk-Tuk）是曼谷非常常见的市内交通工具，很多前来曼谷的人们都愿意选择乘坐嘟嘟车进行短途旅行。一般来看，如果步行需要10分钟，嘟嘟车价格在15～20泰铢；若步行超过30分钟，嘟嘟车价格在50～100泰铢，建议乘坐之前先和司讲清楚价格。在曼谷，搭乘嘟嘟车的价格比出租车略便宜，短途旅程至少需要40泰铢。如果嘟嘟车司机愿意只要10泰铢或者20泰铢就可以带你和孩子来一次观光游的话，建议还是需要提高警惕，慎重思考之后再做决定。

出租车

在曼谷市内，乘坐出租车带孩子出行也非常方便，市内出租车票价一般为60泰铢起，相对远一些的地方可能会涨到150泰铢，机场到市中心不超过500泰铢，出租车的起步价是35泰铢，乘车时也不要忘记让司机打表。从曼谷市区到机场上高速要收过路费，从市中心到新机场车费加过路费约300泰铢。另外可以拨打Taxi Radio的24小时"电话叫车"服务热线1681叫车，叫车费需另付20泰铢。

毕竟是出国在外，很多事情还是谨慎一些比较好，那么有关曼谷出租车在乘坐方面，为外出的父母提一些小建议，希望可以对于出行的你们有些帮助。

1.不要搭乘在路边等客人或是揽客的计程车。

2.如果司机没打表，要请他按或者是说（拆米特）或（掰米特），中文发音同泰文的「跳表」之意，如果司机拒绝，可立即要求下车。

3.对于计程车司机推荐的店家，包含餐厅、按摩店、红艺人秀、珠宝等，一定要断然拒绝，坚持自己原本就要去的目的地，以免发生不愉快的事情。

4.随时准备好自己要去目的地的泰文住址及电话，必要时打电话到要去的地方，请对方和计程车司机用泰文沟通，确保司机不会载你跑错地点。

5.多使用饭店LOBBY叫的跳表计程车，如果逛街刚好在旅馆附近，也可走到旅馆大厅请服务人员帮你叫跳表的计程车，不用客气，这在曼谷很常见的。

6.不要在车上睡觉。

7.相信自己的直觉与第六感，如果上车感觉不对劲或是不舒服或是不安全，马上下车。

自行车

在曼谷，选择租赁自行车观光景点的人不少，曼谷的主要景点或者主要街道上都有绿色自行车租借点，可以免费租用自行车。租用时只要将护照给工作人员登记一下，然后拍张照片即可。租借时间为10:00～17:00。

如何在曼谷跟团游

相信在带孩子出发之前，很多父母都已经提前报好了团，如果已在国内的组团社报了团，很有必要了解清楚到了曼谷当地的地接社是否有接机服务，出了机场的联系人是谁，是否需要观光者自己到地接社，怎样能够到达等信息，这样出了机场才算后顾无忧。如果没有在国内报团，就需要到曼谷当地报团，在曼谷不难找到旅行社，不管怎样，出行前，一定要注意寻找方便、可靠的旅行团出行。

在曼谷怎样报团

报团涉及在国内报团和到了曼谷报团这两种主要方式。在本书PART1的出行方式里面，已经介绍了在国内报团的方式和注意事项，请参考P71~P72，这里详细介绍在曼谷如何报旅行团。报团前先了解当地有哪些可靠旅行团供选择。

● 曼谷的旅行社

父母和孩子来到曼谷，会发现城市中关于组团的旅行社非常多。建议父母多找几家，对比一下再做决定。通常出了机场，旅途的疲顿让人也都有些累了，那这个时候就没有必要一定要先将旅行社的事情定下来再安排行程，不妨先到提前预订好的酒店和孩子一起先好好休息一下再另作计划。

泰国国泰旅行社（CCT旅行社）

泰国国泰旅行社主要发展入境游、出境游、高尔夫、商务旅游、会议奖励、票务中心、旅游车队等完整的业务体系，服务对象是以中国大陆为主的前往泰国境外游的人群。

■ **地址：** 240/26 Ayothaya Building 16C,Ratchadapisek Soi 18,Bangkok
■ **网址：** www.cct-group.com.cn ■ **电话：** 02-2741010

曼谷知名的地接社

对于带孩子到泰国旅行的游客来说，初到一个陌生的城市，肯定会有很多的不适。如果在境内报团，在当地有直接的接待社对于父母来说肯定很有必要。这样既节省了时间又非常方便，下面简单介绍几家曼谷当地的地接社，供前往曼谷的游客参考。

曼谷知名的地接社			
中文名称	英文名称	地址	电话
泰国风情	333 Tour	52/3 Soi Yeakthanong Na Ranong ,Naranong Rd.,Klongtoey ,Bangkok.	02-2496544 02-2400617
全球国际旅行社	A.P.T. Travel Agency CO., LTD.	4/6 Soi Suklumvit 5,Bangkok	02-6556161 02-2545355
辰达旅行社	Ananda Travel （Thailand）CO.,LTD.	107 Soi Suttisarnvinitchai Huaykwang Bangkok	02-2765661 02-2765660

曼谷周边
自驾游

曼谷及周边自驾路线

在曼谷城市里玩一圈下来，很多父母还会想带着孩子到周边转转。自驾是最好的交通方式，带着孩子到曼谷周边追寻自然的脚步，先到莎兰隆公园赏花，再到九世王御公园找寻历史遗迹，再到南多国家公园宿营、观鸟，最后再到考艾国家公园观赏瀑布美景和呼吸自然空气。这里提供一个自驾游的地图供参考，油价成本以大众高尔夫1.4L自动挡或同等车型全新车辆为例，耗油费5升/100千米。

南多国家公园
Namtok Samlan
National Park

考艾国家公园
Khao Khiao
National Park

红统
Ang Thong

北标
Saraburi

大城
Ayutthaya

两地约78.5千米，
耗油约344泰铢，
用时约1小时15分钟

那空那育
Nakhon Nayok

巴吞他尼
Pathum Thani

两地约117千米，
耗油约365泰铢，
用时约1小时40分钟

巴真
Prachin Buri

暖武里
Nonthaburi

莎兰隆公园
Saranrom Park

两地约21.5千米，
耗油约67泰铢，
用时约25分钟

北榄
Samut Prakan

九世王御园
Suan Luang
Rama IX Park

龙仔厝府
Samut Sakhon

曼谷及周边自驾路线示意图

最好的学习在路上 带孩子游泰国

潮爸辣妈 提示

在泰国自驾车，油耗大概是3.12泰铢/千米。

曼谷自驾体验

曼谷市内道路很复杂，即使有导航，万一某处封路，人生地不熟的，误入游行区域，碰到危险会很麻烦，跟团游和自助游问题倒不大。泰国道路路况还可以，但是右舵左行，而且泰国人开车总体来说比较守规矩，所以来泰国开车也要注意礼让，遵守交通规则，不要强行加塞或突然转弯、变线等。

⭐ 曼谷省钱大比拼

对孩子优惠的景点			
景点名称	孩子玩点	优惠信息	地址
大王宫	看琉璃瓦屋顶、雕刻、绘画，感受大王宫的璀璨	200泰铢	曼谷市中心，昭披耶河东岸
梦幻世界	体验各种娱乐项目	分1000泰铢和1200泰铢类型套票	62 Moo1, Rangsit-Ongkarak road,Thanyaburi
暹罗海洋世界	亲近多种海洋动物、看电影	成人950泰铢，儿童750泰铢，家庭套票3700泰铢	B1-B2 Floor, Siam Paragon, 991 Rama 1 Road, Pathumwan,Bangkok
律实动物园	亲近小动物	成人100泰铢，儿童50泰铢	IBT No.71,Rama 5 Road, Dusi,Bangkok
曼谷野生动物园	看多种野生动物、鸟类等；看动物表演	成人700泰铢，儿童450泰铢	99 Panyaintra Road, Samwatawantok, Klongsamwa, Bangkok
曼谷玩偶博物馆	观看各种玩偶	免费	Alley,Makkasan, Ratchathewi, Bangkok, Bangkok
儿童探索博物馆	学习探索知识	成人70泰铢，儿童50泰铢，周二至周五15:00以后门票半价	Children's Discovery Museum, Chatuchak, Bangkok
曼谷水族馆	看海洋生物、5D电影、卡通片	400泰铢	50, Phahon Yothin Rd., Lat Yao, Chatuchak, Bangkok

最好的学习在路上
带孩子游泰国

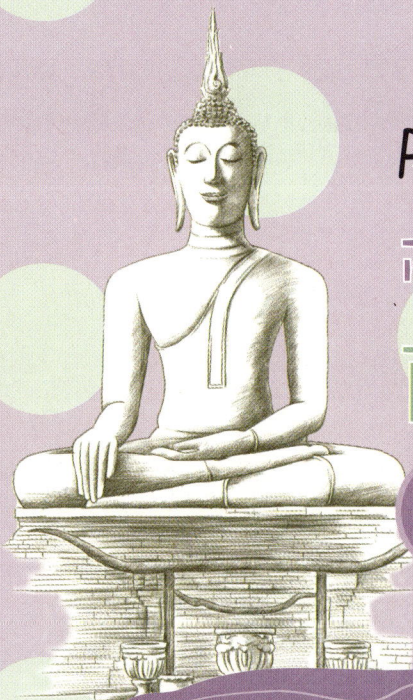

PART3

带孩子游芭堤雅

115 ▶ 139

　　芭堤雅是泰国的不夜城，每到夜晚，灯火通明，霓虹灯闪烁耀目。带孩子游芭堤雅，可以感受海边城市独有的气息，可以和孩子去阳光明媚的海滩玩耍，可以去海滨游泳场尽情游泳，可以到海上进行滑水、冲浪、滑降落伞等水上娱乐活动，可以乘坐透明长尾船欣赏海底五光十色的珊瑚奇景和热带鱼，也可以在五彩缤纷的烟火装点着芭堤雅的夜空下漫步，都美妙无比。

带孩子怎么去

目前乘坐飞机从中国能直达泰国芭堤雅的航班还没开通，对于带孩子出行的游客来说，能够乘坐直达航班是最好不过得了。现在只能前往普吉岛中转，在普吉岛停留的时候还可以顺道在普吉岛游览一番。当然，从曼谷乘坐巴士前往芭堤雅是更为便捷的交通方式。

中国到芭堤雅的中转航班资讯						
航班号	线路	中转城市	停留时间	转乘航班	起飞时间	到达时间
HU7929	北京（首都国际机场）→普吉岛（普吉国际机场）→芭堤雅（乌塔帕奥机场）	普吉岛	15小时	PG282	15:10	次日16:15
MU9857	上海（浦东国际机场）→普吉岛（普吉国际机场）→芭堤雅	普吉岛	13小时	PG282	15:10	次日16:50

从机场到芭堤雅

芭堤雅的机场之前是军用机场，目前只有为数不多的航班在此停靠，位于芭堤雅南部30千米处，和曼谷之间没有直航航班，有从普吉岛飞往芭堤雅的航班。

● 曼谷到芭堤雅

前往芭堤雅，从曼谷去是最为方便的也是最为便捷的。曼谷东线巴士总站每天都有多趟空调巴士前往芭堤雅，每天6:00～20:30每半小时开出一班。芭堤雅的回程车从Beach Road的Regent Marina Hotel开出，由6:00～20:00每半小时开一班，票价单程117～128泰铢，往返240泰铢左右。

曼谷素旺纳普机场有巴士到芭提雅，开出的时间分别在9:00、12:00和19:00。回程巴士从Alcazar Unity开出，时间是6:30、13:00和18:00。票价单程150铢。可在泰航驻机场办事处或芭堤雅的Royal Cliff酒店订位。

如果是当天抵达廊曼机场又想当天前往芭堤雅的游客，可从曼谷市内的汽车北站前往，廊曼机场离汽车北站比较近，打车120泰铢左右，乘坐公交车从廊曼到mo chit站17泰铢。汽车北站开往芭堤雅的汽车运营时间每天6:00～18:00，每小时开出一班。回程车自Regent Marina Hotel开出，6:00～18:00每小时开出一班。票价单程134～150泰铢，往返200～270泰铢。

亲子行程百搭

芭堤雅百搭

芭堤雅的景点很多，如公园、海滩和乐园，可供一家人在此游玩两三天。想要休闲点的可以按照欢乐之旅路线游玩，喜欢刺激点的可以按照探索游乐路线游览，还可将这些路线自由搭配。要注意在途中休息一下，旅途的意义在于路上的成长过程。

紧随欢乐之旅

驾车或是租车前往

❶ 绿山公园 — 2.5小时
Khao Kheow Open Zoo

从芭堤雅市中心搭乘约50泰铢的嘟嘟车前往即可

❷ 冲浪水上乐园 — 2小时
Splash Down Waterpark

从36号公路驶入芭堤雅，继续开往海滩，大约20.9千米，耗时23分钟

❸ 中天海滩 — 3.5小时
Jomtien Beach

向东北行驶，向左转，沿着12号公路前行，大约3.3千米，耗时7分钟

❹ 芭堤雅公园 — 2小时
Pattaya Park

探索游乐之旅

驾车或是租车前往

❶ 芭堤雅海滩 — 5小时
Pattaya Beach

乘坐嘟嘟车或者其他交通工具可以很便捷地到达

❷ 芭堤雅卡丁车赛车场 — 1.5小时
The Pattaya Kart Speedway

沿着9号公路向北走，然后向右转进入3号公路，大约3.4千米，耗时6分钟

❸ 芭堤雅海底世界 — 1小时
Underwater World Pattaya

从3号公路向北行驶，在天路掉头，大约8.2千米，耗时9分钟

❹ 芭堤雅艺城 — 1小时
Alangkarn Theater

绿山公园
Khao Kheow
Open Zoo

○ 素拉沙
Surasak

⚓ 林查班
Laem Charbang

⛳ Burapha Golf Club

芭堤雅海滩
Pattaya Beach

冲浪水上乐园
Splash Down Waterpark

🏝 阁兰岛

芭堤雅 ◉
Pattaya

芭堤雅公园
Pattaya Park

芭堤雅卡丁车赛车场
The Pattaya Kart Speedway

芭堤雅海底世界
Underwater World Pattaya

中天海滩
Jomtien Beach

芭堤雅艺城
Alangkarn Theater

芭堤雅百搭路线示意图

亮点

1. 芭堤雅海滩：晒日光浴
2. 芭堤雅海底世界：探索海底世界
3. 东芭乐园：观看大象表演
4. 冲浪水上乐园：水上滑梯
5. 泰迪熊博物馆：亲近可爱的玩偶泰迪熊
6. 素汤水果园：品尝热带水果

芭堤雅海滩

来到芭堤雅，如果不前往有着"海滩度假天堂""东方夏威夷"众多美誉的芭堤雅海滩（Pattaya Beach）玩一下，想必一定会追悔莫及。举世闻名的芭堤雅海滩长约3千米，是芭堤雅沙质最细、海水最清的一段海滩，被划分为北芭堤雅海滩、椰子海滩等几部分。这里以坡度平缓、沙白如银、海水清净、阳光灿烂而闻名，是非常好的海滨浴场。除此之外，这里因丰富多彩的水上运动而吸引着世界各地的人们前来。海滩周围还有很多椰林之类的热带树木，置身其中，像是置身于一幅浓墨重彩的热带山水画卷一般美妙。漫步在洁白如银的沙滩上，踩着细软干净的沙滩、吹着海风、晒晒着日光浴，静静地享受惬意的旅行时光。

适合孩子年龄：6～12岁
游玩重点：欣赏海滨美景、晒日光浴、体验水上活动、吃海鲜

亲子旅行资讯

✉ Bang Lamung District, Chon Buri, Pattaya
🚗 从市区乘坐嘟嘟车前往约20泰铢/人

潮爸辣妈提示

如果担心天气太热把孩子晒到，不妨在下午3:00以后去海滩游玩，至少可以避开一天中阳光最为充足的时段，不至于让皮肤十分"受虐"。出发前记得为自己和孩子都涂好防晒霜，也别忘记携带上遮阳伞、泳衣、拖鞋等海滨游玩应必备的物品。

芭堤雅公园

　　芭堤雅公园（Pattaya Park）是孩子们尽情嬉戏的大型乐园，这里潜藏着无限的快乐和笑声，或者说这里更像是一个为孩子们输送快乐的宝地。公园位于芭堤雅市中心和宗天海滩之间，分为芭堤雅公园塔、芭堤雅公园欢乐国和芭堤雅水上公园这3个部分。如果想登高远望欣赏海岸美景，可以登临芭堤雅公园塔；如果想和孩子尽情游玩，可以在芭堤雅公园欢乐国放松；如果想要和海洋近距离接触，则可在芭堤雅水上公园中嬉戏。

　　如果孩子愿意，可以一起进行两个人的高速滑行，或者和几个人一起乘缆车，从不同角度欣赏芭堤雅海湾的美景，让感觉和视野享受一次很不一样的体验。当然，如果孩子比较恐高，那就不要勉强了，以免孩子会在游玩过程中造成身体不适。

适合孩子年龄： 6～12岁
游玩重点： 滑水、游泳、海盗船、碰碰车等

亲子旅行资讯

- 成人100泰铢、儿童50泰铢
- 9:00～18:00

东芭乐园

　　东芭乐园（Nong Nooch Tropical Garden）是一个泰式乡村风格的休闲兼度假公园。园中有人工湖，水光潋滟，小河缭绕于亭台楼阁之间，树木葱茏，鸟语花香，景色如画。园中设有文化村，是集中展示泰国民族文化的场所。乐园中除了有深受人们喜爱的泰国民俗表演、大象表演外，还有一个自然气氛十分浓郁的植物园，在植物园中，感觉自己仿佛身处于一个被无数珍奇异草包围着的植物王国中，非常美妙。除了这些，也别忘记整个乐园中还有很多萌翻天的可爱的动物模型，包括河马、小猪等，可以与它们拍照留念。

适合孩子年龄： 6～12岁
游玩重点： 看大象表演、欣赏泰国民俗歌舞

亲子旅行资讯

- 34/1 Moo 7 Najomtien District Sattahip, Pattaya
- 从芭堤雅海滩乘车南行约15分钟即可到达
- www.nongnoochparadise.com
- 250泰铢
- 8:00～18:00
- 038-709358

芭堤雅海底世界

芭堤雅海底世界（Underwater World Pattaya）在100米长的海底通道内养了很多的热带鱼，在这个建立时间较久的海下观光隧道中可身临其境地进行接近海底的奇妙之旅，更有机会学习了解各种海洋生物，让孩子在娱乐中不断地丰富自己的知识。海底世界中有以珊瑚为主的珊瑚礁馆，有以大型鱼类为主的鲨鱼馆，还有沉到海底的船只的展览等。另外，小孩子还可以在鲨鱼馆中给鱼儿喂食。

适合孩子年龄： 6～12岁
游玩重点： 喂鲨鱼、看珊瑚、观赏展览船只等

亲子旅行资讯

✉ 22/22 Moo 11,Sukhumvit Rd., Nongprue, Banglamung Chonburi
🌐 www.underwaterworldpattaya.com
💲 成人500泰铢，1.3米以下儿童300泰铢
🕐 9:00～18:00（最后入场时间17:30）
☎ 038-756879

中天海滩

沿着芭堤雅海滩边的街道向南走，越过小山就到干净而宁静的中天海滩（Jomtien Beach）了。这里拥有金色的阳光、柔软的沙滩和清澈的海水，海滩十分开阔，也很安静，非常适合喜欢安静的人们游玩。中天海滩与芭堤雅海滩相比，虽然这里的游玩项目乍一看似乎并没有芭堤雅海滩那么多，但是带着孩子来到这里，仍然会非常有收获：晒晒太阳，体验一下香蕉船、摩托艇带来的刺激和欢乐；尝尝香喷喷的烤鱿鱼；如孩子喜欢玩海滩排球，那么来到这里，就和孩子"露一手"吧！除此之外，还可以和孩子一起美美地欣赏着夕阳落下时不可复制的美丽……海滩上也有很多地方出租躺椅的人，一把躺椅大约60泰铢，可以考虑租一把。

适合孩子年龄： 6～12岁
游玩重点： 晒太阳、玩摩托艇、看日落

亲子旅行资讯

✉ 位于芭堤雅市区以南约3千米
💲 免费
🕐 全天开放

艺术天堂3D博物馆

芭堤雅的艺术天堂3D博物馆（Art in Paradise）有很多新鲜的元素值得一看。博物馆有3层，是个拍照的好地方。分了好几个不同的主题区，可以在不同的区域中慢慢逛，趣味性很强。进去拍照之前可以先看看馆外的模板用作参考。在参观的过程中，爸妈可以和孩子在这些3D背景前摆出各种姿势。看上去照片就像是身临其境一样，比如好像真的抓住了犀牛的牙齿，或者正坐在大象的鼻子上，抑或者是在战战兢兢地过独木桥，又或者背后长出了白色的天使翅膀……这一切都很刺激而又充满了童趣。

适合孩子年龄：6～12岁
游玩重点：感受身临其境的3D效果

亲子旅行资讯

✉ 78/34 Moo 9, Pattaya Sai 2 Rd.Nongprue,Bang Lamung,Chonburi, Pattaya
💲 成人500泰铢，儿童300泰铢
🕐 9:00～21:00

芭堤雅卡丁车赛车场

芭堤雅卡丁车赛车场（The Pattaya Kart Speedway）是芭堤雅的地标性体育竞技场所之一，这里提供有卡丁车赛道，越野车赛道，沙滩车履带等，满足小孩子在沙滩上、平地上开车娱乐的需求。这里还有专门给孩子提供的儿童迷你卡丁车和双座卡丁车，能满足希望与孩子共同娱乐的家庭的需要。

适合孩子年龄：6～12岁
游玩重点：玩卡丁车、越野车等

亲子旅行资讯

✉ 248/2 Moo.12 Pattaya, Thep Prasit Rd.
🚗 乘坐嘟嘟车或者其他交通工具可以很便捷地到达
🌐 www.pattayakart.com
💲 开卡丁车转一圈（800米）大概500泰铢，其他车型有不同价格
☎ 038-422044

冲浪水上乐园

　　冲浪水上乐园（Splash Down Waterpark Pattaya）是专门为成人和儿童营造欢乐的娱乐性水上场所。园区内最受欢迎的游戏是"超级滑梯"，这是世界上最高的充气滑梯，从15米的高空中滑梯下来，朝下的巨大冲击力足够让你惊心动魄。还可以带孩子在蹦床上漂浮前进，体验新奇的水上刺激。此外，水上乐园还有经典的"大红滚球""滚人球山"等娱乐项目。乐园的休憩悠闲区是一个补充能量的场所，里面提供各种美味小吃和泰式料理，还有一个小超市供人们自由购买所需的饮料和食物。

适合孩子年龄：6～12岁
游玩重点：水上游戏、超级滑梯

亲子旅行资讯
- 📧 105/2, M00 2, Tambon Pong, Amphur Banglamung, Pattaya, 20150
- 🚗 从芭堤雅市中心搭乘约50泰铢的嘟嘟车前往即可
- 📅 9:00～18:00

信不信由你博物馆

　　信不信由你博物馆（Ripley's Believe It or not Museum）光是从名字上来看就已经非常有意思了，如果和孩子走进其中还会有更多惊喜等着你们。馆内以充满趣味的方式陈列从世界各地搜集到的各式各样稀奇古怪的收藏品，展品有来自厄瓜多尔的缩小人头、西藏人的头盖骨及双头猫、长毛的鱼、头上长角的人等，每一件展品都趣味横生，能给孩子带来很大的新鲜感。另外，博物馆中还有个供几十人共同进行游戏的地方，包括波形隧道、变形镜、不平衡房间、逼真的机器人演讲等，小孩子可以在其中享受游玩的乐趣。

适合孩子年龄：12岁以上
游玩重点：做游戏、看收藏品、看立体电影

亲子旅行资讯
- 📧 218 Garden Park Royal Shopping Center. Plaza. , Room No. C 20–21 Moo 10, Pattaya
- 🚗 www.ripleys.com
- 💲 700泰铢
- 📅 11:00～23:00
- ☎ 038-7102946，038-4121202

芭堤雅大象村

很多小孩子都喜欢观看可爱的大象表演，而闻名的芭堤雅大象村（Pattaya Elephant Villape）就是观看大象表演的好去处。这里的大象聪明可爱，会搬运木头、踢足球、简单的算术、画画等。除此之外，你还能看见驯养大象、捕捉野象、重现泰国古代骑着大象打仗的场景等。爸妈同样也可以和孩子在上午来的时候骑着大象围着村子游览一圈，一定会很有趣。

亲子旅行资讯

✉ 48/120, Moo 7, Tambol Nong Prue, Pattaya
🚌 从芭堤雅火车站（Pattaya Railway Station）向东南方向步行或者行驶约1.6千米可到
🌐 www.elephant-village-pattaya.com
💲 大象秀650泰铢起，其他体验活动价格另计
🕐 8:30～19:00，上午为骑象时间，下午是大象表演时间，一般从14:30开始
📞 038-249818

迷你暹罗

作为一个著名的大型景观，迷你暹罗（Mini Siam）当之无愧得到了很多赞誉。带领小孩子来到这个被微缩了的大世界中，相信孩子一定会收获很多知识和欢乐。这里将泰国诸多的名胜古迹、建筑、河流、高山、瀑布、寺庙、场馆等展现得惟妙惟肖。当然，在这里除了可以领略泰国景观外，世界其他国家的景观也可以在这里大饱眼福，可以看到法国埃菲尔铁塔和凯旋门、意大利比萨斜塔、罗马斗兽场、美国自由女神像、德国科隆大教堂等。如果运气好，爸妈还可以和孩子一起观看迷你暹罗中定时举办的旧

亲子旅行资讯

✉ 387 Moo 6, Sukhumvit Rd. Pattaya City Naklua, Banglamung, Chonburi
🚌 从芭堤雅市中心乘坐嘟嘟车约30泰铢
🌐 www.minisiam.com
💲 200泰铢
🕐 7:00～22:00
📞 038-727333

时养蚕、织布、打造银器首饰等民族工艺制作方面的表演，相信一定能让孩子和你大开眼界，对泰国的风土人情多一份了解和热爱。

潮爸辣妈提示

参观完迷你暹罗之后，如果小孩子想吃零食、冰激凌等，在这里也都可以找到，虽然不是较为大型的美食区，不过满足小孩子吃美食的愿望是完全没有问题的。

泰迪熊博物馆

　　泰迪熊博物馆（Teddy Bear Museum）的设计者来自韩国，贯穿"泰迪熊奇妙探索大游玩"的理念，整个博物馆分为很多大的区域，如泰国区、中国区、圣诞王国区、史前化石考古区等。每个不同的区域，都可以感受到较为逼真的光、色、声效果，还有不少有趣的活动等着小朋友们的加入。如果小孩子愿意的话，还可以和博物馆里面扮演泰迪熊的工作人员互动呢！

适合孩子年龄：6～12岁
游玩重点：亲近可爱的泰迪熊；参加博物馆中的活动

亲子旅行资讯

✉ Pattaya 1 Alley, Pattaya
🚗 从芭堤雅乘坐嘟嘟车前往
🌐 www.teddyisland.co.th

绿山公园

　　绿山公园（Khao Kheow Open Zoo）也叫绿山国家动物园，这里依山傍湖，风景美丽，是动物们优哉游哉生活的乐土。小孩子如果喜欢，可以亲自给美丽的梅花鹿喂食，也可以和河马、大象亲密接触。公园在白天和晚上也经常会有各种各样的表演秀，可以带孩子观看一番，具体的演出时间还需要多留心当天公园中的告示，以免遗漏赶不上想要看的演出。

适合孩子年龄：6～12岁
游玩重点：亲近动物；看精彩的表演秀

亲子旅行资讯

✉ 235 Moo.7, Bangphra, Sriracha, Chon Buri ,Pattaya
🌐 www.journeytothejungle.com/chinese
💲 1510泰铢起

阁兰岛

阁兰岛（Koh Larn）又叫作金沙岛，岛屿四周有许多绵长的沙滩，沙质细腻柔软，其中较为著名的白沙滩为塔园海滩、莲天海滩和通蓉海滩。阁兰岛很漂亮，有大片的沙滩和湛蓝的海水，在这里享受大自然是非常过瘾和惬意的。这里的海水洁净，水清见底，可透视水面数米之下的海底世界。岛上有浮潜、海上摩托等众多水上项目，是小孩子们进行海水浴、游泳、潜水和其他海上活动的好去处。如果要在岛上住的话，一定要先预订，万一找不到住宿的话，可以乘船返回芭堤雅住宿。

适合孩子年龄：6岁以上
游玩重点：浮潜、乘坐海上摩托、游泳等

亲子旅行资讯

✉ Naklua Banglamung Chonburi, Pattaya

🚌 芭堤雅和阁兰岛之间有渡轮，航程约45分钟，20泰铢（从公路车站对面搭乘渡轮前往，只需40分钟即可抵达，出发时间为9:30、11:30，包船费用根据船型不同从1000到3000泰铢不等）

沙美岛

沙美岛（Ko Samet）位于芭堤雅东南面，以其美丽的沙滩和全年丰富的海上活动而闻名。这个以"美"命名的岛屿，其美景让无数人为之倾倒。它是泰国比较大的岛屿之一，东西由一个小山脉连贯，岛上葱郁的丛林、随风摇曳的椰子林和优美的白沙滩，交织成一幅美丽的风景画。岛上除了有美丽的热带风光和一流的海泳场外，还有物美价廉的热带水果和海鲜美食，这一切定能让小孩子有一个非常难忘的体验。

适合孩子年龄：6～12岁
游玩重点：吃海鲜、烧烤，欣赏海滨美景

亲子旅行资讯

✉ 曼谷东南方，在芭堤雅附近

🚌 这里离曼谷开车3个多小时的车程，离旅游胜地芭堤雅3小时不到，可以从曼谷坐大巴或从芭堤雅包车前往，或者租车自驾，到了码头再转船

四合镇水乡

四合镇水乡（Pattaya Floating Market）位于芭堤雅市中心沿素坤逸干道往东方向约5千米处，有着浓郁纯朴的泰国乡村文化气息，以融汇了泰国东部、西部、东北部及南部4个区域水上市场的特色而得名。水上市场里水路纵横，水面上木楼别具风格。在水市里既可以吃到来到泰国各地的风味小吃，也可以买到产自于泰国各地方的特产以及工艺品，更可以搭乘小木舟，在湖里荡漾，穿梭于桥亭之间。同时，这里也是电影《杜拉拉升职记》的实景拍摄地之一。

水乡本身不收费，可以从周边的任何一个店铺穿进水乡内部，但是因为团队观光者很多，所以如果爸妈和孩子是跟团来的，可能会收取每人200泰铢的门票费用。但是在景点入口处并没有售票说明，只写着每人800泰铢可含船费，因此如果想体验一下正宗的水上生活，可以在这里购票。

亲子旅行资讯

- ✉ 451/304 Moo 12, Sukhumvit-Road Pattaya
- 🚌 从芭堤雅海滩搭乘嘟嘟车前往需250泰铢，如果参加一日游行程，则可跟随旅游团前往
- e www.pattayafloatingmarket.com
- 💵 免费，如需搭乘小船游览需付每人800泰铢
- 🕙 10:00～22:00

七珍佛山

七珍佛山（Khao Chi Chan）是用激光方式在整座山崖的一面雕刻出的一座释迦牟尼佛像，加上金箔并用金粉镶边，庄严神圣，被无数人顶礼膜拜。七珍佛山融合了素可泰及兰纳时期的艺术概念，远远望去，金光闪闪、高大威严，在很远的地方就可以看到。传说七珍佛山是由高僧专门寻找来的"龙脉"，整个佛山依山形剖开一部分，并且削平山面。很多人认为在巨大的佛像心脏位置处有释迦牟尼的舍利。

亲子旅行资讯

- ✉ Tambon Na Chom Thian, Amphoe Sattahip, Chang Wat Chon Buri
- 🚌 从芭堤雅乘嘟嘟车可到
- 💵 免费

真理寺 ◇◇◇◇◇◇◇◇◇◇◇◇◇◇◇◇◇◇◇◇◇◇◇◇◇◇◇◇

　　真理寺（The Sanctuary of Truth）临海而立，非常壮观。整座寺庙建筑由纯红木和柚木建造而成，采用卡榫结构，没有使用一颗钉子，全部以楔子、插销等精妙地将各个零件和雕刻整合起来。真理寺内的木雕艺术堪称一绝，工匠们将佛教精华内容以木制雕塑的形式展现出来，表现了人与天地宇宙间的关系以及泰国精湛的木雕工艺，很值得前往观赏。虽然这座建筑历史并不久远，至今还没有完工，但它使用的木材都是超过百年的古木，因此整座建筑都散发着一种古老的气息。在寺内大大小小的佛像和浮雕上都能看见精美而复杂的雕刻工艺。

亲子旅行资讯

✉ 206/2 Moo5, Naklua Soi 12, Naklua Rd.Pattaya
🚌 从芭堤雅市内乘双条车可到，约100泰铢
🌐 www.sanctuaryoftruth.com
💰 700泰铢
🕐 8:00～18:00
☎ 038-367815

芭堤雅其他景点推荐		
中文名称	英文名称	地址
风月步行街	Walking Street	Th Hat Pattaya路和Th Pattaya 2路之间相通的巷道
富贵黄金屋	Baan Sukhawadee	219 Moo 2 Sukhumwit Road Na Kler Banglamung Chonburi
昌岛	Ko Chang	Tambon Ko Chang, Amphoe Ko Chang, Chang Wat Trat
皇家寺	Wat Nong Ket Noi	Bang Lamung District, Chon Buri
56层观光塔	Pattaya Park Tower	Muang Pattaya, Amphoe Bang Lamung
芭堤雅海豚世界	Pattaya Dolphin World & Resort	44/8 Moo.9, Tumbon Huay Yai, Banglamung District, Chonburi
玻璃瓶博物馆	Bottle Museum	297/1-5 Sukhumvit Rd., Naklue Banglamung Chonburi
芭堤雅蜡像馆	Louis Tussaud's Waxworks	218 Garden Park Royal shopping center. Plaza. , Room No. C 20-21 Moo 10, Pattaya beach. Tambon Nong Prue, Banglamung

跟孩子吃什么

　　海鲜、水果是来芭堤雅之前在脑海中出现最多的必吃美食，无论是虾、蟹、蚝等美味海鲜，还是当地特有的热带水果，如山竹、红毛丹以及水果之王榴莲等，都会满足人们对芭堤雅美味的所有想象。可以带孩子去品尝泰国本土代表性的美食，然后再去各餐厅品尝一下自己心仪已久的甜点或水果。

芭堤雅的特色美食

　　在芭堤雅旅行，一定不要忘了去品尝一下这里的海鲜。芭堤雅的海鲜以虾、蟹、蚝等为主，特色海鲜菜肴有酸甜干煎明虾碌、肉松酿蚧、清烹大龙虾等。你可以在海滩上吃着海鲜，吹着海风，看着海景，这一定是旅行途中的一大乐事。此外，芭堤雅也有很多泰式美食，如芒果糯米饭、泰式火锅等，都是你不可错过的佳肴。芭堤雅也有德国菜、英国菜、印度菜、日本菜、韩国菜、越南菜等各国美食。芭堤雅的美食餐厅多集中在芭堤雅一街和邑堤雅二街上。

● 海鲜

　　芭堤雅海鲜菜肴的食材大多是刚从海上打捞上来的，非常新鲜。在芭堤雅，无论是水上市场、海鲜餐馆，还是街边小摊、夜市，都可以品尝到非常新鲜美味的泰式海鲜菜肴，烤虾、泰式咖喱蟹等都是十分受欢迎的菜式。

● 水果

　　除了海鲜，水果同样也是芭堤雅的美食主题。芭堤雅的热带水果品种繁多，难得的是价廉物美、四季不断，并且风味独特，以山竹、红毛丹以及水果之王榴莲最具特色，值得品尝。另外还有很多在国内很少看到的热带水果，不妨都尝一尝，一定会有新的发现。

泰式咖喱蟹

　　在芭堤雅一定要去尝尝泰式咖喱蟹（Curried Crab），这道用新鲜螃蟹做成的美食非常美味。泰式咖喱蟹可以分为黄咖喱、红咖喱、绿咖喱做成的蟹，其中黄咖喱味道香浓，不太辣；红咖喱比较辣；绿咖喱比较甜。你可以根据自己的口味选择用什么咖喱来烹调蟹，建议品尝黄咖喱蟹，里面会加椰浆和鱼露，味道更为香醇诱人。

泰式火锅

　　泰式火锅（Mu-Katha）的汤底有偏酸辣的，也有口味比较清淡的。泰式火锅类似中国老北京涮肉锅边一圈为涮锅，中间是用碳加热的烤盘的，也有只是涮菜的。建议用涮锅加烤盘的，那么样在涮各种蔬菜时，还能在中间烤肉类、菌类、海鲜等，一举两得。

芒果糯米饭

　　芒果糯米饭（Mango Sticky Rice）是泰国人最喜欢的甜味主食。将浸泡了香浓椰浆的泰国糯米饭与芒果混合在一起，洁白的米粒加上金灿灿的芒果，让人一看就很有食欲。这道主食在吃的时候酸中带甜，适合在吃完油腻的肉食之后使用，清新爽口。

肉类烧烤

　　芭堤雅烧烤非常多，特别是在各个海滩附近，有各种烧烤摊，炉子上都摆着等待被烤熟的各种肉类和涂满盐粒的鱼。这些食材烤熟了之后再配以爽口的生黄瓜和生菜，蘸着味道浓郁的酱料，吃在嘴里别有一番风味。你可以在海滩上一边玩，一边品尝各种美味的烧烤。

孩子最喜欢的餐厅

　　芭堤雅的餐厅最大的特色就是环境优雅，几乎每家餐厅都会有自己独特的装饰风格，在用餐的同时心情也会非常舒畅。如果你想吃得实惠一些，可以到市场餐厅寻找适合自己的口味。来这里最不可错过的就是水果派对，可以尝尽所

有的热带水果，对于孩子来说，水果永远比正餐更具有吸引力。

● 芭堤雅水上市场

寻找芭堤雅的美食，那么第一个要去的地方应该就是芭堤雅水上市场吧。这里汇聚着泰国各地的特色，拥有非常多的美食小吃，你可以品尝到木瓜椰奶饭、椰子雪糕、芒果糯米饭、皮皮虾、八爪鱼、鱼丸面、海苔等。

■ 地址：451/304 Moo 12, Sukhumvit Rd.Pattaya
■ 交通：从芭堤雅搭乘双条车可到，约10分钟车程　■ 开放时间：8:00 ~ 20:00

● Sugar Hut Resort and Restaurant

这是一家非常受欢迎的泰式餐厅，很多西方游客都喜欢到这里来用餐。这里主要提供泰国的美食，味道比较温和，是大多数人都能接受的味道。

■ 地址：Bang Lamung District,Chon Buri,Pattaya
■ 电话：038-231048
■ 网址：www.sugar-hut.com

● Scandinavia Bar and Restaurant

这是一家兼营酒吧的餐厅，里面的装饰很精致，风格和饰品都很现代化，同时也不失泰国风情。餐厅大堂比较高，很开阔，大堂顶上是露天餐桌，游客可以在这里一边品尝美食，一边欣赏芭堤雅的海景。餐厅主要提供泰式、日料、西餐、中餐各国菜品，也有各种创意菜提供，不过费用比较高。

■ 地址：Beach Road Soi 13,Pattaya
■ 电话：038-429591
■ 网址：www.mantra-pattaya.com

● Rim Talay Seafood Restaurant

这家餐厅坐落在芭堤雅海边，与海滩相连，位置绝佳，在此欣赏日落美景再好不过了。这里主要提供泰式菜肴，有非常新鲜美味的海鲜，建议大家尝尝清蒸鱼和炸肉排。用餐时可以点一杯非常棒的鸡尾酒或一瓶葡萄酒。

■ 地址：18, Naklua Beach Rd. Nong Prue, Bang Lamung, Pattaya
■ 电话：038-426375
■ 网址：www.rimtalayseafood.com

芭堤雅其他餐厅推荐			
名称	地址	电话	特色
Indian by Nature	306/64-68 Thapraya Road,Towards Jomtein, Pattaya	038-364656	印度餐厅，价格比较便宜
Royal Grill Room Wine Cellar	353 Phra Tamnuk Road, Pattaya	038-250421	有美味的海鲜，店内有一个酒窖，价格较贵
Mum Aroi Restaurant	Na Kluea,Pattaya	—	餐厅临海而立，是一个吃海鲜的好地方

和孩子住哪里

芭堤雅不仅有高档酒店，也有背包客喜欢的旅馆客栈。芭堤雅的住宿地多集中在市区和海滩附近，如果你想住高档酒店，可以选择芭堤雅海滩旁的芭堤雅一街和二街，这里有很多大型商场和娱乐场所，很热闹。如果想要安静一点的住宿地，或经济型旅馆，可以去芭堤雅的中央区域，或是人比较少的海滩附近。

● Dusit Resort Pattaya

这家豪华酒店位于芭堤雅的高级酒店区、芭堤雅海滩大道的最北端，拥有500套房间、两个游泳池、网球场、健身中心、半私家海滩和屋顶餐厅等。据说住在一些高楼层里，在房间里还可以看到美丽的海上日落美景。不过，同等级的房间景色可能差别也比较大，这一点需要注意。

■ 地址：240/2 Th Hat Pattaya

● Rabbit Resort

这个度假村有个有趣的名字，翻译成中文就是"兔子度假村"。度假村很精致，并且安静，里面有一个不大但惬意的私人沙滩。整个酒店充满了热带风情，园内鸟语花香，还有小动物穿梭其中。

■ 地址：318 / 84 Moo 12,Soi Dongtan Police Station l Jomtien,Pattaya

● Royal Cliff Beach Hotel

这个酒店规模庞大，建造得富丽堂皇，十分漂亮。一望无际的湛蓝大海和白色的水池、建筑交相辉映，很是浪漫。皇家悬崖海滩酒店坐落于芭堤雅的帕塔纳克山，在酒店中可以俯视暹罗湾。酒店更是将舒适度作为服务的首要标准，并在酒店内设置了私人海滩、室外游泳池、花园、蒸浴室、游戏室等，是忙碌一天后放松身心的理想去处。

■ 地址：353 Phra Tamnuk Road l part of the Royal Cliff Hotels Group,Pattaya

● Furama Beach Hotel

这是一家中档酒店，由略显破旧的两栋楼组成，不过旅馆里的基本度假设施很齐全，并且很干净，服务也很到位。庭院里有一个游泳池，闲暇时可以来此戏水、游泳。此外，酒店里还有餐厅和咖啡店，一直开到深夜。

■ 地址：164 Mu9,Th pattaya Klang

● Honey Lodge

这家酒店因绝佳的地理位置和良好的住宿环境而深受游客欢迎。其位于海滩和步行街之间，附近就是市场和码头。虽然身在闹市，但酒店的住宿环境却很安静。酒店里还有一个游泳池，可以供客人们戏水、游泳。外面吃早餐的"啤酒花园"里还会经常看到许多欧洲男人与泰国美女。

■ **地址**：597-8 Mu 10,Th Pattaya Tai

● Sugar Hut Resort

没有人不会被"糖果屋"美丽的花园和传统的泰式房子所吸引，它被认为是"在热带花园中设置的出奇安静的泰式风格度假酒店"。酒店拥有33套传统泰式吊脚楼，每套吊脚楼有1间起居室、2间卧室。它被茂密的热带花园包围，有保存完好的热带树木和棕榈树，宁静得令人身心舒畅。另外，酒店里还有3个游泳池、餐厅等服务设施，餐厅提供美味的早餐。

■ **地址**：391/18 Moo 10,Tapphaya Road l Jomtien Beach

芭堤雅其他住宿推荐			
名称	地址	电话	网址
Pattaya Sea Sand Sun Resort And SPA	78/4 M.8 Sukhumvit K.M.163, Na Jomtien, Sattahip, Chonburi Jomtien Beach, Pattaya	038-238656	www.seasandsunpty.com
Holiday Inn Pattaya	463/68, Pattaya Sai 1 Road,Pattaya	038-725555	www.holidayinn.com
Honey Inn Hotel	529/41-42 Moo 10, Soi 11, Pattaya 2nd Rd. Nong Prue,Pattaya	038-413111	www.honeyinnpattaya.com
Tune Hotel – Pattaya	255/7 Moo 9, Pattaya Sai 2 Road, Banglamung	02-6135888	www.tunehotels.com
Sabai Resort	Bang Lamung District, Chon Buri,Pattaya	038-362472	www.sabairesortpattaya.com
Pattaya Discovery Beach Hotel	179/185-212 Moo 5, North Pattaya Road Naklue,Banglamung,Pattaya	038-253888	www.fairtexpattaya.com
August Suites	111/43 Moo 9,Pattaya	038-420003	www.augustsuites.com

给孩子买什么

在芭堤雅，你可以买到丰富多彩的传统手工艺品，还有不计其数的时髦商品，还可以给孩子买些花样百出的T恤、流行时装。这里还有大型超市和商场，散布着众多各式小店，包括各种泰式纪念品、珠宝、丝绸、手工艺品及定制的别致成衣等，肯定会让你和孩子乐此不疲。

在芭堤雅给孩子买的特产	
特产	介绍
泰国T恤	花样百出的棉质T恤，是在热带旅行不可缺少的行头。泰国的T恤图案多到令人眼花缭乱，价格也比较便宜，值得多买上几件
风干海鲜	风干海鲜一般用做汤菜的辅料，像鱿鱼干贝之类大多用来炖汤，汤味更鲜美。风干海鲜携带方便、易于保存，是送人的上佳特产
泰国方便面	泰国方便面不仅味美而且价格便宜，特别是Yum-Yum和Mama这两个牌子的方便面，面饼是油炸的，味道很好。冬阴功口味的方便面为红色包装
泰国海苔	泰国的海苔在国内风靡一时，最有名的牌子是小浣熊和小老板，A4纸那种大小的绿色包装，非常好吃，小包20泰铢，大包装的30泰铢
榴莲干	榴莲干是一定要推荐的，不管你爱不爱吃榴莲，来泰国都要买几包回去。推荐金枕头榴莲干，你的榴莲控伙伴们肯定会对你感激涕零的

不可错过的购物地

芭堤雅虽然没有什么特产，但这里依然是游客们的理想购物地。不管是名牌服饰、还是泰国本地的泰丝、棉质T恤、传统服装，都能在这里买到。建议购买一些泰丝制品，如衣服、领带、沙发靠垫等，质地细腻、纹样精致，买回国当作礼物送人也不错。

● 皇家花园广场

皇家花园广场该位于芭提雅二路与海滩路之间的皇家花园芭莎酒店内，是芭提雅最好的购物中心，几乎可买到你需要的任何东西。同时，也是一个综合性的娱乐中心，适合家庭出游购物。

> ■ 地址：218,Moo.10 Pattaya Beach Road,Banglamung Chon Buri
> ■ 交通：从市中心步行或嘟嘟车可至　■ 网址：www.royalgardenplaza.co.th
> ■ 营业时间：11:00～23:00

● 芭提雅外贸商场

　　芭提雅外贸商场是当地的一家工厂外贸店，内有泰国及国际品牌200多个品牌，以生活用品及服饰居多。有空的话不妨去逛逛，折扣很给力。

> ■ 地址：Na Klue,Bang Lamung, Chon Buri
> ■ 营业时间：10:00～22:00

芭堤雅其他购物地信息

店铺名称	简介	地址	网址
皇家花园芭莎购物中心（Royal Garden Plaza）	聚集了很多国际名牌和泰国一些品牌服装店。这里还有化妆品店、体育用品店、4D电影院、Food Wave等	218,Moo.10; Pattaya Beach Road, Banglamung	www.kasikornbank.com
芭堤雅中央商场（Central Festival Pattaya Beach）	芭堤雅最大的购物中心，也是亚洲最大的海滨商场之一。聚集了很多国际名牌，也有泰国本地的特色珠宝、手工艺品等	333/99 Moo 9 Tumbon Nongprue Amphur Banglamung, Chonburi	www.centralfoodhall.com
芭堤雅免税店（King Power Pattaya）	一家新开的免税店，可以买到最实惠的烟酒、名牌服饰、手表、香水、家电、化妆品等	8 Moo 9 Tumbol Nongprue Amphur Banglamung	www.kingpower.com
芭堤雅奥特莱斯（Pattaya Outlet Mall）	如果想买Levis的牛仔裤可以来这里看看，一条大概650泰铢，还能退税	666 Sukhumvit, Na Kluea, Bang Lamung	www.coffeeworld.com
南芭堤雅大C超级购物中心（Big C Supercenter）	芭堤雅很著名的购物场所，时尚精品商店林立、美食店云集，总之是一个适合闲逛和购物的好地方	Bang Lamung 565/41 Moo 10,Nongprue	www.bigc.co.th

在芭堤雅的出行

芭堤雅市区比较小，步行游览市区需要1小时左右。如果前往各个海滩和公园，可以乘坐双条车、嘟嘟车、出租车，前往附近的岛屿需要乘坐轮船或快艇。此外，在芭堤雅也可以租车自驾游览，不过要注意芭堤雅的道路多为单行道。

双条车

双条车是一种载人小货车，是芭堤雅的主要交通工具，招手即停，如果去的地点在司机制定好的线路上就可以上车，票价一般是10泰铢，下车的时候按车顶上的铃通知司机即可。如果车上没有什么乘客，不顺路也可以和司机商量，20～30泰铢送到目的地。

出租车

约200泰铢/次，芭堤雅的出租车并不多，而且多数都不会打表计费，上车前需与司机讲好价格。

轮船

船票价格根据所去的岛屿、选择的交通方式不同而有不同。芭堤雅码头（Pattaya Port）有开往附近海岛的轮船。

摩托车

出租摩托车费用150～1000泰铢，价格依据摩托车的型号和排量的不同而不同。在北芭堤雅到南芭堤雅之间的沿海滩路上有许多地方提供摩托车出租；芭堤雅的海滩路旁也有出租摩托车的地方。骑摩托车行驶时，一定要戴好头盔，并严格遵守交通规则。返还时，不用加满油。

海滩巴士

芭堤雅海滩巴士是芭堤雅的特色，共有3条线路，分别为绿色、红色和黄色，覆盖了芭堤雅海滩和乔木提恩海滩的主要道路，每天运行时间从6:00至次日2:00，十分方便，而且路边景色十分迷人。其车票可在大部分的旅馆和超市买到，3条线路车票通用，单程票30泰铢，日票90泰铢，3日票180泰铢，月票900泰铢。其站牌与线路颜色对应，很容易辨认。

芭堤雅周边

自驾游

芭堤雅及周边自驾路线

佛统
Nakhon Pathom

暖武里
Nonthaburi

北柳
Chachoengsao

东芭乐园
Nong Nooch
Tropical Garden

龙仔厝府
Samut Sakhon

秦坤逸路

春武里
Chon Buri

Thailand

林查班
Laem Charbang

两地约145千米，
耗油约452泰铢，
用时约1小时40分钟

两地约19.3千米，
耗油约60泰铢，
用时约31分钟

泰迪熊博物馆
Teddy Bear Museum

罗永
Rayong

芭堤雅海豚世界
Pattaya Dolphin
World & Resort

芭堤雅及周边自驾路线示意图

芭堤雅自驾体验

　　芭堤雅市内道路不是很完善，交通工具也比较落后，想去周围农村和观赏海滩风光的游客，可以自驾前往。到处都可以见到租车店，可以咨询当地的旅游咨询处，不同的租车店提供的价格和租车情况也有所不同。路上车手都比较遵守交通规则，不会强行加塞或转弯等。

⭐ 芭堤雅省钱大比拼

对孩子优惠的景点			
景点名称	孩子玩点	优惠信息	地址
芭堤雅海滩	欣赏海滨美景、晒日光浴、体验水上活动、吃海鲜	免费	Bang Lamung District, Chon Buri, Pattaya
芭堤雅公园	滑水、游泳、海盗船、碰碰车等	成人100泰铢、儿童50泰铢	芭堤雅市中心与中天海滩之间
芭堤雅海底世界	喂鲨鱼、看珊瑚、观赏展览船只等	成人500泰铢，1.3米以下儿童300泰铢	22/22 Moo 11, Sukhumvit Rd, Nongprue, Banglamung Chonburi, Pattaya
中天海滩	晒太阳、玩摩托艇、看日落	免费	芭堤雅市区以南约3千米
东芭乐园	看大象表演、欣赏泰国民俗歌舞	250泰铢	34/1 Moo 7 Najomtien District Sattahip, Pattaya
艺术天堂3D博物馆	感受身临其境的3D效果	成人500泰铢，儿童300泰铢	78/34 Moo 9, Pattaya Sai 2 Rd.Nongprue,Bang Lamung, Chonburi, Pattaya
芭堤雅卡丁车赛车场	玩卡丁车、越野车等	开卡丁车转一圈（800米）大概500泰铢	248/2 Moo.12 Pattaya, Thep Prasit Rd., Pattaya
冲浪水上乐园	水上游戏、超级滑梯	根据不同项目收费不同	105/2,M00 2,Tam-bon Pong,Amphur Banglam-ung,Pattaya
信不信由你博物馆	做游戏、看收藏品、看立体电影	700泰铢	218 Garden Park Royal Shopping Center. Plaza., Room No. C 20-21 Moo 10, Pattaya

景点名称	孩子玩点	优惠信息	地址
芭堤雅大象村	看大象表演、做游戏	大象秀650泰铢起，其他体验活动价格另计	48/120,Moo 7,Tambol Nong Prue,Pattaya
迷你暹罗	看被微缩了的诸多泰国景观和其他国家景观	200泰铢	387 Moo 6,Sukhumvit Rd. Pattaya City Naklua, Banglamung,Chonburi,Pattaya
素汤水果园	品尝多种热带水果，体验热带风情	600泰铢起	Muang Pattaya,Amphoe Bang Lamung, Chang Wat Chon buri, Pattaya
绿山公园	亲近动物，看精彩的表演秀	1510泰铢起	235 Moo.7,Bangphra, Sriracha,Chon buri,Pattaya
芭堤雅艺城	看大象表演、欣赏民族舞蹈，陶冶艺术情操	免费	1 Sukhumvit Rd. Jomtien, Pattaya
泰迪熊博物馆	亲近可爱的泰迪熊，参加博物馆中的活动	免费	Pattaya 1 Alley,Pattaya
阁兰岛	浮潜、乘坐海上摩托、游泳等	免费	Naklua Banglamung Chonburi, Pattaya
沙美岛	吃海鲜、烧烤，欣赏海滨美景	免费	曼谷东南方，在芭堤雅附近
四合镇水乡	品风味小吃、挑选特色手工艺品、感受泰国水乡风	免费	451/304 Moo 12, Sukhumvit–Road Pattaya
七珍佛山	看神像、骑大象、吃新鲜水果	免费	Tambon Na Chom Thian, Amphoe Sattahip, Chang Wat Chon Buri
真理寺	看木雕工艺品、骑大象、骑马、看表演等	700泰铢	206/2 Moo5,Naklua Soi 12, Naklua Rd.Pattaya

最好的学习在路上
带孩子游泰国

PART4

带孩子游清迈

141 ▶ 169

　　清迈作为泰国第二大城市，保留了众多寺庙遗址，四周群山环抱，气候凉爽，景色旖旎，是泰国著名的避暑旅游胜地。带孩子游清迈，可以在护城河一带较为热闹的寺庙玩耍，可以到城区寻找清迈的历史和文化遗迹，可以到山清水秀景色绝美的公园追寻春的脚步，也可以到大象营观察大象的生活起居。现在就在清迈展开属于自己的泰国之旅吧！

带孩子怎么去

优选直达航班

目前乘坐飞机从中国直达泰国清迈的城市有北京、上海和广州。对于带孩子出行的游客来说，能够从自己所在城市乘飞机直达清迈，可谓是一大福音。游客

可以参考下面的信息，选择航班。表格中的出发时间是以北京时间为准，到达时间是泰国当地时间。

从中国到清迈，承运直达航班的航空公司主要是中国国际航空、东方航空和南方航空，这几家公司都非常值得信赖的，适合于带孩子、首次出境游玩的游客。

中国到曼谷的直达航班资讯						
承运公司	航班号	班次	路线	出发时间	到达时间	实际北京时间
中国国际航空公司	CA823	周一、三、四、六	北京（首都国际机场）→清迈	18:00	22:20	23:20
	CA623	只有每周二	北京（首都国际机场）→清迈	17:10	21:30	22:30
中国东方航空公司	MU205	周一至周四、周六	上海（浦东国际机场）→清迈	11:45	15:05	16:05
	CZ8559	周一、三、六	广州（新白云国际机场）→清迈	08:40	10:30	11:30
	CZ3033	周二、四、五、七	广州（新白云国际机场）→清迈	7:30	9:40	10:40

从机场到清迈市

从清迈国际机场前往市区的交通方式非常多，你可以根据实际情况选择最便捷、最省心的方法。一般来说，公交车是最便宜的交通工具，而嘟嘟车或者双条车则比较便捷，家有老人小孩、讲究旅行舒适度的游客可选择酒店接送。

● 从清迈国际机场出发

清迈国际机场（Chiang Mai International Airport）在清迈市区西南方约4千米，规模比较小，只有两层，一层为国际、国内乘客到达大厅，二层为国际乘客离境大厅。机场的设施、服务都挺好，功能也比较齐全，曾被评为"世界最佳机场之一"。

清迈国际机场的航班比较多，有到泰国主要城市如曼谷、湄公颂、喃邦、素可泰等地的航班。曼谷至清迈每天都有直航班机，所需1小时，票价1300泰铢起。清迈飞往素可泰等城市票价300泰铢起。中国北京、上海、广州、昆明、澳门等城市有直飞清迈航班，但价格普遍偏高，而且航班不多。此外，国际航班机场离境税为250泰铢，国内航班机场离境税为30泰铢。

■ 地址：60, Airport Road, Suthep, Chiang Mai
■ 网址：www.chiangmaiairportonline.com　■ 电话：053-922100

清迈国际机场至清迈市的交通			
交通方式	英文	介绍	票价
公交车	Bus	可乘坐6路公交车从机场出发，前往清迈大学。如果是住在老城区，则不适合乘这趟公交车	15泰铢
出租车	Taxi	在机场行李提取区外的出租车售票亭可以买到车票，一般为100泰铢，然后把票交给停在机场入境口门外出租车司机即可	100泰铢
嘟嘟车或双条车	Tuk Tuk or Double Car	通常有从市中心接客来到机场的嘟嘟车和双排车（红色迷你小公共车），拦下后与司机谈好价钱	50~60泰铢
酒店接送车	Hotel Shuttle Bus	对于那些提前预订清迈某些上档次的酒店的旅客，酒店方面会专门提供免费的机场接送服务	免费

清迈百搭

　　清迈的自然风光甚多，一家人在这里可以游玩一两天的时间，想要清新点的可以按照沿途风景路线游玩，喜欢刺激点的可以按照追寻国宝路线游览，当然也可将这些路线自由搭配。要注意在途中休息一下，旅途的意义在于路上的成长过程。

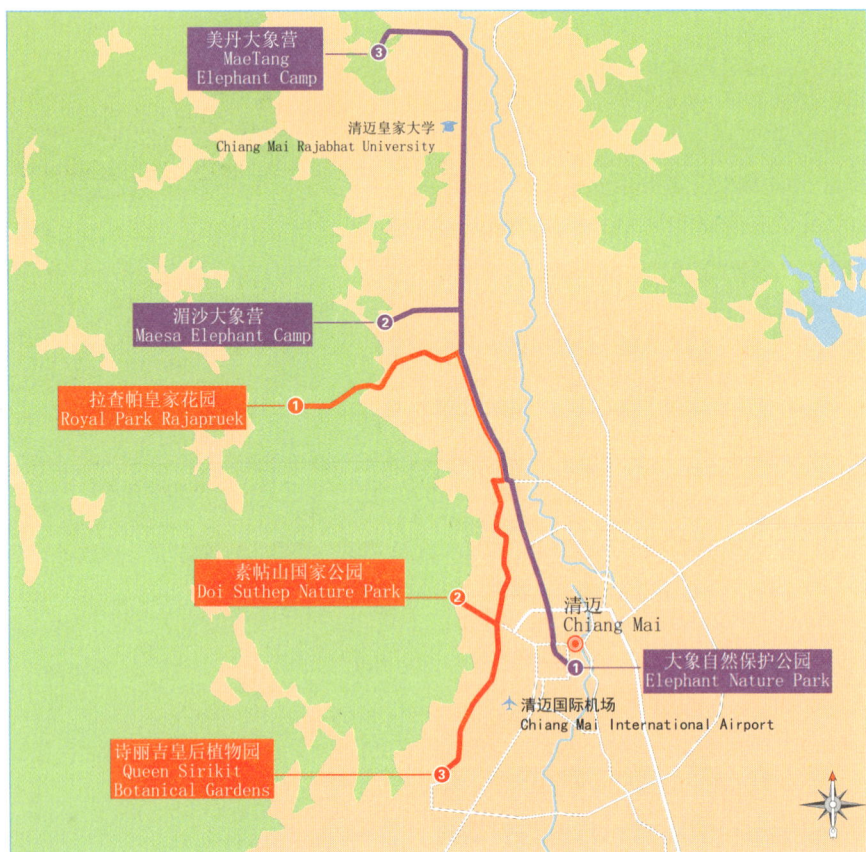

美丹大象营
MaeTang
Elephant Camp ③

清迈皇家大学
Chiang Mai Rajabhat University

湄沙大象营
Maesa Elephant Camp ②

拉查帕皇家花园
Royal Park Rajapruek ①

素帖山国家公园
Doi Suthep Nature Park ②

清迈
Chiang Mai

大象自然保护公园
Elephant Nature Park ①

清迈国际机场
Chiang Mai International Airport

诗丽吉皇后植物园
Queen Sirikit
Botanical Gardens ③

清迈及周边百搭路线示意图

沿途风景之旅

自驾或租车前往

❶ 拉查帕皇家花园 `2小时`

Royal Park Rajapruek

⌄ 从3044号公路向东南行驶，然后向右转进入121号公路，再向左转进入1004号公路，大约11.3千米，耗时17分钟

❷ 素帖山国家公园 `2.5小时`

Doi Suthep National Park

⌄ 向东南行驶，进入1004号公路，向左转进入121号公路，再向左转进入107号公路，向左转进入1096号公路，大约27.5千米，耗时36分钟。

❸ 诗丽吉皇后植物园 `1.5小时`

Queen Sirikit Botanical Gardens

追寻国宝之旅

自驾或租车前往

❶ 大象自然保护公园 `2小时`

Elephant Nature Park

⌄ 向东行驶，走1001号公路、121号公路和107号公路驶入区酒店的1096号公路，大约30.8千米，耗时40分钟

❷ 湄沙大象营 `1.5小时`

Maesa Elephant Camp

⌄ 沿1096号公路向东，然后左转进入107号公路，鹭左向左转即到，大约44.9千米，耗时46分钟

❸ 美丹大象营 `1.5小时`

MaeTang Elephant Camp

亮点

1 清迈夜间动物园：给小动物们喂食
2 清迈动物园：近距离接触小动物
3 大象自然保护公园：骑大象
4 草莓园：采摘草莓
5 老虎园：看老虎
6 诗丽吉皇后植物园：观赏各种花卉

清迈夜间动物园

清迈夜间动物园（Chiang Mai Night Safari）位于素贴山下，是泰国大名鼎鼎的动物园。刚进动物园门口，就会看到许多梅花鹿，它们不怕人，小孩子可以和它们亲近一下或找个相留念都很不错。动物园本身利用肉食动物喜好夜晚活动的特性，开辟了夜间游览项目，孩子可以和爸妈一起乘坐观光车参观，观察这里的狮子、老虎、熊、野狼等，一定是一次难忘的体验。

适合孩子年龄：8～12岁
游玩重点：看动物的夜间活动、喂小动物

如果爸妈可以和孩子白天过来参观动物，可以到美洲虎小径徒步区逛逛，和那些可爱的小动物们打打招呼。不过，从动物园的名字上便可以知道，夜晚过来比白天要更有收获，晚上可以观赏到很多食肉动物的活动。建议在日落前抵达动物园，进去后先绕着天鹅湖在美洲虎小径走一圈，可以看到优雅美丽的白天鹅、可爱的浣熊、美洲狮等，然后返回大门口去看精彩的老虎秀，再乘上观光车前可以买一些切好的蔬菜和水果，以便用来喂动物。

亲子旅行资讯

Rte 121/Th Klorng Chonprathan，Chiang Mai
从市区搭车到惠部路（Huay Kaew），然后右转沿121号高速公路到韩东（HangDong）约10千米处，再右转继续走2千米抵达
www.chiangmainightsafari.com
成人500泰铢，儿童300泰铢
周一至周五13:00至次日凌晨，周六和周日10:00至次日凌晨
053-999050

清迈动物园

清迈动物园（Chiangmai Zoo）位于雄伟的素贴山脚下，四周郁郁葱葱。园内环境优美，有两个瀑布、水库、一个开放式公园、宿营地和动物喂养地。动物园距离清迈大学不远，有点生态森林公园的感觉，动物种类很丰富，每个动物区域都只有一圈矮矮的墙与外界相隔，感觉很亲近。因为动物园很大，如果靠步行游览恐怕走一会就气喘吁吁了，孩子也没有力气好好地游玩整个动物园了。所以，爸妈和孩子参观时最好是乘坐交通工具，比如乘坐单轨电车或电瓶车等。

动物园本身也是清迈少有的一个有历史遗迹的大型动物园，园内有至今已有800多年历史的Ku Din Khao 寺，该寺是清迈历史的一个重要部分。

亲子旅行资讯

✉ 素贴山上，是去往双龙寺的必经之地

🌐 www.chiangmaizoo.com

💲 熊猫馆票价：成人100泰铢、小孩（身高1.35米以下）50泰铢；雪城票价：成人150泰铢，小孩（身高1.35米以下）100泰铢；水族馆票价：成人450泰铢，小孩（身高1.35米以下）350泰铢

🕐 8:00～19:00　表演时间表 动物表演：周一至周五上午11:00、下午3:00；周末上午11:00、下午12:00～3:30 海狮表演：周一至周五上午10:30、下午2:00

☎ 053-221179，053-358116

草莓园

带孩子来到草莓的世界——草莓园（Strawberry Farm）也是一个不错的选择。草莓园外面有美丽的草莓雕塑、花车，心形门、留言卡片等。在坡顶有一处开阔地带，在那里可以俯瞰整个草莓园和背后的山景，大大小小的草莓模型错落其间，外加"Strawberry，Love Pai"的背景，整体环境美妙和谐。草莓园左边有一片露天小院子，矗立着几个挂同心锁的爱心树，专门给人们挂同心锁用。如果随行的小孩子想要吃冰淇淋、和果汁等，爸妈到草莓园的右边买就可以了，很方便。饮料吧的山坡盆地下面，是一大片植物园，种植着各种植被，相应季节会有草莓摘哦。园里有各种草莓大大小小造型的摆设，很适合给孩子多拍一些照片。

亲子旅行资讯

✉ Tambon Thung Yao, Amphoe Pai, Chang Wat Mae Hong Son

🚌 从清迈搭乘迷你巴士可到，也可包车前往

💲 免费

147

清曼寺

清曼寺（Wat Chiang Man）又叫昌挽寺，是清迈最古老的寺庙，为一座典型的泰北式寺庙建筑。来到这里，爸妈可以和小孩子一起参观一下寺庙正殿，里面供奉着两尊珍贵的佛像，一尊是古老的释迦牟尼佛像，嵌满宝石，让人不禁久久驻足参观。另一尊则是微型水晶佛像，信徒们相信它具有带来雨水的法力。寺庙于每年4月1日都会举行宗教活动，届时人们会抬微型水晶佛像游行绕城一周。此外，寺内还有一座以大象雕刻为装饰的佛塔和一些古印度和斯里兰卡的佛窟。

适合孩子年龄： 6～12岁
游玩重点： 看佛像，感受泰北建筑风情

亲子旅行资讯

- Th Ratchaphakhinai Rd., Chiang Mai
- 从古城旅馆餐饮集中的东护城河可步行前往；或包嘟嘟车前往，约30泰铢
- 免费
- 6:00～18:00

潮爸辣妈提示

清曼寺是一处很安静的寺庙，它的每处建筑都很古朴，特别是大象佛塔雕刻的异常精美，很有艺术感。爸妈记得带孩子进入寺庙大殿时要将鞋脱掉。

清迈古城

清迈古城（Chiang Mai Moat）呈四方形，是清迈的老城区，至今仍保留着部分老城墙和完整的护城河。它不仅是泰国重要的文化遗产之一，也是清迈极具迷人的地方。古城中遗迹众多，其中泰国传统的庙宇和宝塔最具特色。数不胜数的建筑够爸妈和孩子看个够，同时这里生活气息浓郁，聚集了各具特色的民宿、餐馆、咖啡厅等。

如果和孩子前来古城的时间正好是周末，则可以感受到这里异常热闹的集市。在人来人往的集市中，可以和孩子真切地感受到清迈人的生活，自然地融入了他们的生活中。清迈古城的东南西北4个方向都有城门，其中东边的塔佩门保存得最为完好，也是古城的一大地标，连接清迈新城的沿河地区和老城区；而西门则通往绿树成荫的清迈大学及素贴山。

适合孩子年龄： 8～12岁
游玩重点： 看古迹、寺庙，逛集市，感受清迈人的生活

亲子旅行资讯

- Mueang Chiang Mai District, Chiang Mai
- 免费
- 全天开放

湄沙大象营

来到清迈，有多种方式可以让爸妈和孩子与可爱的大象进行紧密接触，其中湄沙大象营（Maesa Elephant Camp）便是一处非常棒的地方，这里饲养了近百头大象，可以和孩子在这里看大象表演杂技、作画、踢球、抬木桩等表演，还能坐在大象背上沿山谷穿梭在原始森林里。在各种表演中，大象用鼻子作画可谓是最精彩的部分，如果不是亲眼所见，可能无法相信眼前栩栩如生的花木绘画是这些庞然大物的杰作。大象的画作为出售物品，价格不相同，感兴趣的话可以买一幅留作纪念。当然，小孩子如果感兴趣，也可以参加坐牛车、玩竹筏漂流等项目。

适合孩子年龄：6~12岁
游玩重点：看大象表演、骑大象

大象的表演结束后，可以让小孩子和大象合影留念一下，这个合影是免费的。但如果爸妈给大象小费，它们还会用自己的方式表示感谢，小费一般是30泰铢或多一些都可以。

亲子旅行资讯

✉ Mae Rim District, Chiang Mai

🌐 www.maesaelephantcamp.com

🚌 从清迈市区搭乘嘟嘟车前往150泰铢，如果参加旅行社一日或半日游，则可以在酒店等车接送

💵 看大象表演（即门票）成人200泰铢，儿童100泰铢，骑大象800泰铢（2人合乘1头）；观光者多是参加半日游或一日游行程，价格为800~1000泰铢，包含大象表演、骑大象、坐牛车、竹筏漂流等项目及午饭，并负责接送，可以在入住的酒店或当地旅行社预订，后者通常更便宜

🕐 大象表演时间为8:00、9:40、13:30，其他活动安排根据半日游或一日游行程而定，多是上午出发下午返回

☎ 053-206247

老虎园

来到老虎园（Tiger Kingdom）中，可以和孩子一起看里面体型不一，神态各异的老虎，一定会感到不一样的精彩。有的稍微大一些的老虎雄赳赳气昂昂地走来走去，有的看着来来往往参观它的人们，当然也包括和它们一样可爱无比的小朋友们，更小一些的老虎看起来萌翻了，看起来像是一只温顺的小花猫，让人忍不住想过去抱一抱，而在这里，你可以与孩子一起进入老虎的房间，和它们待15分钟。饲养员对这些老虎也是精心照料，老虎的皮毛摸起来非常柔顺。在这里需要特别提醒爸妈和孩子的是：有许多小老虎很喜欢睡觉，如果它们在睡觉的时候强行抚摸，很容易被小老虎咬着，所以参观时也记得不要让孩子乱摸老虎。

适合孩子年龄：6～12岁
游玩重点：看老虎

亲子旅行资讯

✉ Mae Raem, Mae Rim District, Chiang Mai
🌐 www.tigerkingdom.com
💲 老虎合照420～450泰铢
🕘 9:00～18:00
☎ 053-8607045

大象自然保护公园

大象自然保护公园（Elephant Nature Park）建在清迈郊外的一山脚下，离古城有1小时的车程。园内约有40多头大象，还有水牛、山羊等，就像一个大大的野生动物公园。大象们都非常健康、可爱，和孩子来看一看肯定会收获到很多快乐。公园与著名的湄沙大象营不一样，这里是一个大象保护基地，这里的大象不会被训练进行表演，生活更加自由。来到这里，孩子可以给大象喂食，骑大象穿越丛林，如果胆子够大，孩子也可以和大象一起在河里洗澡戏水，不亦乐乎。

适合孩子年龄：6～12岁
游玩重点：看老虎、水牛等动物；骑大象或给大象喂食

亲子旅行资讯

✉ 209/2 Sridom Chai Road, Chiang Mai
🌐 www.elephantnaturepark.org
🕘 8:00～17:00，周一开放黄昏
☎ 053-818754

拉查帕皇家花园

拉查帕皇家花园（Royal Park Rajapruek）位于素贴山南边，离清迈夜间动物园很近，园区中的景点包括各国庭园、兰花园、皇家馆等。花园中还有大型的园艺展览，在那里可以欣赏不同国家各具特色的庭园和植物。园内鲜花争奇斗艳，景观优美别致，设施齐全，适合一家人前来休闲放松。花园内有金碧辉煌、富有兰纳王朝特色的泰式楼阁，有形态可爱、造型各异的花果卡通形象，还有数十座主题庭园场馆，展出的花卉包括泰国兰花、中国杜鹃花、不丹蓝罂粟、荷兰郁金香等。

适合孩子年龄：6～12岁
游玩重点：看庭园、建筑、昆虫馆，玩摩天轮

亲子旅行资讯

✉ Royal Park Rajapruek, Mae-hia, Muang, Chiang Mai
🌐 china.royalparkrajapruek.org
💲 成人100泰铢，儿童50泰铢，60岁以上老人、学生25泰铢，年票400泰铢
🕐 8:00～18:00
☎ 053-1141105

此外，花园中还有昆虫馆、摩天轮、儿童环保乐园、大型水陆两栖剧场等设施，这些无疑是孩子们的最爱。园区也有纪念商品出售，包括棒带有皇家花园Logo的球帽、吉祥物娃娃、钥匙环等小物品，感兴趣的话可以选购一些。

皇家馆

皇家馆（Royal Pavilion）是花园中最重要的建筑，它有着纯正的泰北风格，三层飞檐十分精美，周围是精致的泰式庭院，在蓝天碧水的映衬下格外漂亮。皇家馆内展示着国王大半生的功绩，进入时需要脱鞋，可以静静地漫步其间，欣赏各种展览。

各国庭园

在园区里还可以同时欣赏到泰国和世界各国的建筑及园艺，如充满童趣和梦幻的荷兰园、以静态美展现意境的日本庭园、有着江南古典风格的中国唐园等，可以在较短的时间内领略风格迥异的园艺艺术，真是让人大饱眼福。

兰花园

兰花园也是这里的一大看点，品种繁多的兰花在此争奇斗艳，令人沉迷。

素帖山国家公园

素帖山国家公园（Doi Suthep National Park）位于清迈西北部，山坡上开满五色玫瑰，山顶白云缭绕，有一种近乎仙境般的感觉，缥缈而富有神韵。步行于公园中的台阶上可以到达山顶的观景台，在那里可以和孩子一起将清迈市区的整个景观尽收眼底。山顶云雾缭绕，景色同样非常壮观。可以看到依山而建的双龙寺，两条蜿蜒的彩色神龙壮观而精致，寺中金色的大殿和佛像等都让人震撼不已。

适合孩子年龄： 6～12岁
游玩重点： 看清迈轮廓景观、大殿、佛像、彩色神龙

亲子旅行资讯

📧 Mueang Chiang Mai District, Chiang Mai

🚗 可从市区乘嘟嘟车到清迈动物园，再在这里乘红色双条车到素帖山。这种双条车有（双龙寺+蒲屏王宫+苗族村的套车费，180泰铢/人，每处景点停留1小时

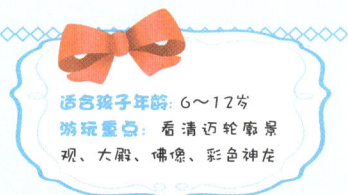

📷 8:00～18:00

老清迈文化中心

老清迈文化中心（Old Chiang Mai Cultural Center）位于清迈南部市郊，主要包括一座清迈纺织历史博物馆和一座餐厅。在文化中心入口处可以看到一座白色基座的木雕阁楼，雕刻细腻，亭角挂有风铃，迎风响起清脆之声。文化中心内郁葱的绿色植物映衬着古色古香的木质建筑，安静的氛围令人心情舒畅。在园内随意走一走，会看到一个牛车模型，可见牛车是清迈由来已久的传统。

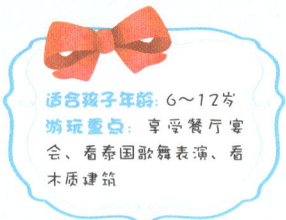

适合孩子年龄： 6～12岁
游玩重点： 享受餐厅宴会、看泰国歌舞表演、看木质建筑

亲子旅行资讯

📧 185/3 Wualai Rd. Haiya, Muang, Chiangmai

🌐 www.oldchiangmai.com

💰 清迈纺织历史博物馆门票100泰铢。康托克晚餐为270～520泰铢，需提前预约

📷 白天可以参观清迈纺织历史博物馆。康托克晚餐时间为19:00～21:30

☎ 053-2029935

诗丽吉皇后植物园

诗丽吉皇后植物园（Queen Sirikit
Botanical Gardens）坐落在湄沙河谷瀑布区的
一个山腰处，园内种满了各种本地及进口花
卉，包括在不同气候条件下生长的植物。这里
风景秀丽、环境优雅，很适合漫步、放松心

情。植物园离清迈市区较远，爸妈可以和孩子一起在附近的湄沙大象营玩游
过之后顺路过去。园区规定不能骑乘摩托车游览，因此很多人会选择靠步行
观光这里的美景。

植物园有很多种路线观光，爸妈可以和孩子从岩石花园（Rock
Garden）漫步到泰国兰花园（Thai Orchid Nursery）；也可以走树木园
（Arboreta）的植物研究路线，让孩子观赏香蕉、棕榈、蕨类等植物；当然
如果小孩子感兴趣，爸妈不妨带着孩子一起爬爬山，途中可多欣赏一下美
景、呼吸新鲜空气。此外，植物园里还有玫瑰园、草药博物馆、研究中心
等值得探索的地方。

温室区

温室区在山顶附近，是植物园的精华所在。和孩子来到这里，仿佛走进
了一个巨大的仿真热带雨林中，感觉很棒。在玻璃花房中可以看到漂亮的宛
如油画中描摹的睡莲、莲花等植物，还可以和孩子在温室区中架高的平台上
俯瞰室内瀑布。

度假村

在植物园对面上方山腰处还坐落着Botanic Resort度假村，预算充足的话
可以考虑入住这个度假村（每晚房价多
为1500～4800泰铢），呼吸山林间的清
新空气，观赏秀丽的风景，享受和孩子
一起旅行的一次难忘体验。

亲子旅行资讯

✉ The Botanical Garden Organisation, P.O.
Box 7, Queen Sirikit Botanic Garden,
Maerim, Chiang Mai

🌐 www.qsbg.org

🎫 100泰铢，成人100泰铢，儿童50泰铢；驾
车需另附100泰铢

🕐 8:30～16:30

☎ 053-841333

美丹大象营

美丹大象营（MaeTang Elephant Camp）是个充满神秘色彩的地方，这里是大象的聚集地，如果爸妈和小孩子喜欢大象，这个景点一定不能错过。大象营中的每一个大象都能将每个小孩子逗乐。来到这里，可以和孩子一起体会乘坐大象或者观看憨厚可爱的大象的各种表演，各种表演如打篮球、踢足球、跳舞、按摩等，定会让你们印象深刻。

如果不想自己游玩这个景点，也可以一家人到达清迈之后，到当地旅行社报名参加一个大象营一日游，可能游玩的感觉也会不太一样。旅行社大多都会派车来接你们，还会安排人们体验骑大象的乐趣，可以在大象背上跋山涉水，穿越树林，感受其中的惊险刺激，体会古代皇帝以象代步的感觉，除了这些，还有乘竹筏和山林漂流的项目，河水不深，环境优美，两岸都是青山环绕，在这里撑起一个竹筏，感受水花四溅，真是愉快。

亲子旅行资讯

✉ Headquarters Maetaman Village, Maetang, Chiang Mai
🚐 从清迈乘坐突突车前往
🌐 www.chiangmaielephants.asia

因他暖山国家公园

因他暖山国家公园（Doi Inthanon National Park）位于清迈西南方，位于因他暖山（Doi Inthanon）上，是泰国著名的国家自然保护区。这里有泰国最高的山峰，山上有在泰国国王、王后60岁生日时修建的两个塔。公园内风景秀丽，气候凉爽，遍布热带丛林和各式蕨类植物，也有各种种类多样的鸟类，并有大象等野生动物出没其间，是泰国最负盛名的国家公园。在公园内不管是登上、徒步，还是赏景看花，或与大象、鸟儿来个亲密接触都非常不错。

亲子旅行资讯

✉ Chom Thong District, Chiang Mai
🚐 前往因他暖山国家公园，搭公交车需在宗通和湄岗转两次车。可以参加清迈的一日游，也可以包车前往。在因他暖山国家公园的Nam Tok Mae Klang瀑布附近有公交车可到山顶
🌐 www.dnp.go.th
💲 200泰铢，一些野餐点、露营点、瀑布需要另交费
☎ 056-286729

清迈其他景点推荐		
中文名称	英文名称	地址
素贴山	Doi Suthep	Doi Suthep, Mueang Chiang Mai District, Chiang Mai
宁曼路	Nimmanhaemin Road	Nimmanhaemin Road, Mueang Chiang Mai District, Chiang Mai
三王纪念碑	Three Kings Monument	Three Kings Monument, Mueang Chiang Mai District, Chiang Mai
清迈周日市集	Sunday Walking Street	Ratchadamnoen Road, Chiang Mai
瓦洛洛市场	Warorot Market	Mueang Chiang Mai District, Chiang Mai
悟孟寺	Wat U Mong	Tambon Su Thep, Amphoe Mueang Chiang Mai
兰花培育室和蝴蝶园	Sai Nam Phung	60–61 Moo 6, Old Mae Rim–Samerng Road
清迈周六市集	Saturday Walking Street	Wualai Road, Mueang Chiang Mai District, Chiang Mai
花宫庙	Wat Bubparam	Thapae Road, Amphoe Mueang Chiang Mai
清迈国家博物馆	Chiang Mai Provincial National Museum	Chang Phueak, Mueang Chiang Mai, Chiang Mai
清迈市立艺术文化中心	Chiang Mai City Arts Cultural Center	Ratvithi, Tambon Si Phum, Thesaban Nakhon Chiang Mai, Chang Wat Chiang Mai
玛莎瀑布	Mea Sa Waterfall	Doi Suthep – Pui National Park, Tambon Mae Raem, Amphoe Mae Rim, Chang Wat Chiang Mai
湄平河	Mae Ping River	Tambon Chang Moi, Amphoe Mueang Chiang Mai, Chang Wat Chiang Mai
清迈大清真寺	Matsayit Chiang Mai	Tambon Chang Moi, Amphoe Mueang Chiang Mai, Chang Wat Chiang Mai
培山苗族村	Khao Khiao National Park	Doi Pui Mong Hill Tribe Village, Mueang Chiang Mai District, Chiang Mai
部落博物馆	Tribal Museum	Mueang Chiang Mai District, Chiang Mai
泰北文化公园	Ladda Land	Mueang Nakhon Nayok District, Nakhon Nayok
3D错觉艺术馆	Art in Paradise	199/9 Changklan Rd. Changklan, Chiang Mai, Thailand
兰纳民俗博物馆	Lanna Folklife Museum	Ratvithi, Si Phum, Mueang Chiang Mai District, Chiang Mai
大象粑粑纸公园	Elephant Poop Poop Paper Park	87Moo T.Maeram .A.MaerimChiang Mai, 50180Thailand
清迈大学艺术馆	Chiang Mai University Art Museum	239, Nimmana Haeminda Road, Tambon Su Thep, Amphoe Mueang Chiang Mai, Chiang Mai

跟孩子吃什么

清迈是吃货的天堂，这里不仅云集了整个泰国的特色美食，也荟萃了全球各地的佳肴，各国菜式应有尽有。因此，带孩子来到清迈绝对有必要花上一些时间来品尝各种食物。你可以和孩子一起品尝风味炸虾、奶油玉米，也可品尝咖喱鸡肉面、米粉等，更有众多美味小吃。

清迈的特色美食

有着"美食之城"的清迈是吃货们的又一大美食天堂。这里不仅有随处可见的泰国大餐，还有意大利美食、法国美食、印度美食、中国美食等各国美食，菜肴种类多样，味道美味，价格也很实惠。泰北有一种非常著名的辣椒叫"老虎椒"，其味道非常辣，因此清迈当地的菜肴以辣闻名，在品尝的时候可加柠檬草、香茅等香料调味。清迈当地的著名美食有考索以面、泰北咖喱面、肉酱、海鲜等。

● 清迈特色料理之趣味

清迈面

清迈面(Khao Soi)：以肉骨汤为底汤，加上咖喱酱调制的汤头，配上蛋面(Ba Mee)，上面撒上炸得金黄香酥的面条和葱末，味道辛香浓郁。

青辣椒酱

青辣椒酱(Nam Prik Num)是先将大、小青辣椒加上蒜、红葱、小绿茄子等一起烤，然后再煮，等煮到软嫩后，加上鱼露、盐、柠檬汁等调味料即成。整道菜充满辣椒纤维，吃起来香辣过瘾。

酸肉

酸肉(Naem)是发酵的猪肉，可以生吃或加热食用，通常会配上辣椒一起吃。

炸猪皮

炸猪皮(Keab Moo)是清迈特产，虾球状的炸猪皮比较肥厚，长条状的炸得比较干。通常配青辣椒酱一起食用。

康托克餐

康托克餐(Khan Tok)是清迈传统餐，Khan在泰文里意指小碗装的菜肴，Tok指矮圆桌，菜肴以泰北咖喱猪肉、炸猪皮等为主。

清迈香肠

清迈香肠(Sai-ua)口味相当独特，除了猪肉之外还加一些辣椒、葱等辛香料，煎好切块后搭配大蒜、花生、生菜一起食用。

无骨炸鱼

无骨炸鱼(Pla Rai Kang)制作工序繁复，厨师得小心翼翼地将鱼骨取出，然后将香茅、蒜、胡椒、莞荽根、胡椒等辛香料填进鱼肚，再下油锅炸。

炸竹虫

炸竹虫(Rod Duan)清迈以竹子为

材料的工艺品很多，料理也用得到竹笋，竹筒可当成食器使用，生长在竹子里的虫子也是盘中餐。

沙嗲

沙嗲(Sa Te)因为用黄姜粉调味的关系，香气更为浓郁。除了蘸花生酱外，还会附上一碟酸辣小菜佐餐。

● 清迈美食推荐

风味炸虾

泰国的海鲜有很多种吃法，而且让人百吃不厌。清迈最常见的虾的吃法是炸虾，将虾炸得金黄，然后再配以辣酱和酸甜酱，香气扑鼻，格外诱人。

奶油玉米

如果你喜欢吃玉米，那到了清迈就不要错过品尝奶油玉米的机会。清迈的街头随处可见现拌的奶油玉米，这种美味的小吃用的是新鲜玉米，蒸好之后拌上奶油、糖及一点点盐巴，吃起来甜又脆，非常美味。

煎饼

一说到煎饼，就会想到中国北京大街小巷都可以见到的煎饼，其实泰国也有煎饼，而且跟国内的很不一样。这里的煎饼有玉米味、葡萄味、香蕉味等，最为受欢迎的是香蕉煎饼，一口吃下去外面香脆，里面松软可口。一般20泰铢1个。

咖喱鸡肉面

咖喱鸡肉面（Khao Sawy）是泰国北方饮食的代表，这种口味相对清淡的炖煮咖喱鸡肉和加了鸡蛋的宽面，是泰北人民最喜爱的早点之一。吃的时候可以放入豆芽、咸菜和洋葱。

香兰叶鸡蛋烧

香兰叶鸡蛋烧是清迈一种非常有特色的小吃，它是将蛋汁及配料倒入叶子编织成的船型容器中用炭火烤，烤到大致定型后把整只船翻过来用火烤。在蛋汁里可加蟹肉、蘑菇、鸡肉等，吃起来既软嫩又香甜。

米粉

推荐一家清迈当地的米粉店，米粉汤头非常鲜美，早餐、午餐都非常合适，具体位置在古城内，去清曼寺的路上Wat Chiang Mai，很好找，因为路上就这么一家，店比较大，2开间的样子，店里面挂满了店主夫妇环游世界的照片，还有相关的媒体的报道，看来东西的确有把刷子。

Bake & Bite

这家烘焙餐厅提供欧式或美式三明治、面包和派，巧克力蛋糕做得很好吃。另外还提供多种素食早餐。店面位置有点偏僻，但是环境非常朴素非常小清新，追求情调的人可以来这里享受清静又美好的早餐时间。（地址：Th Kotchasan，6 Soi 1 E of Pratu Tha Phae.）

157

孩子最喜欢的餐厅

清迈无论是在餐厅的装饰风格还是食物细节方面都可以看得出清迈人对于食物的热爱，无论是正餐还是饭后甜点都做得非常精致，让人垂涎欲滴。餐厅的环境、风格再配上美味可口的食物，那简直太完美了。带孩子的游客，赶快和孩子一起去餐厅品尝美味的炸虾和奶油玉米等当地美味吧。

● 千人火锅

千人火锅（Sukontha Buffet）是清迈的一个特色火锅大排档，为自助餐厅，据说可以容纳一千多人。这里的火锅是泰式火锅，中间鼓起来的部分用来烤肉，而四周则可以加上水用来涮蔬菜和豆制品。火锅的配料和食材都很多，不过在拿食材的时候要适量，吃完了再拿，不要浪费。这里最受欢迎的食材是大虾。餐厅内还有表演，有时是唱歌，有时是当地的风情表演。

■ 地址：46/1 Huay Kaew Road, T. Chang Puek A.Muang Chiangmai
■ 电话：053-215666、053-405123
■ 交通：如果自行前往，先到清迈城墙外西北方向的Huai Kaew路，看到Central Shopping Mall后，向前（往清迈大学方向）再走一段，在你左边看到一家大华银行后，银行对面的巷口有一黄色的招牌，顺着这条巷子走进去就可以到达
■ 费用：成人209泰铢，儿童99泰铢

● I-berry冰激凌店

I-berry冰激凌店无疑是清迈宁曼路（Nimman Road）上的一个明星景点，据说店主是一个很有名的喜剧演员，所以店外那座据说是模仿他的大鼻子而设立的黄色雕塑就变得特别有名。这家甜品店面积很大，庭院里的环境很雅致。店里和店门口有很多摆设，可以拍照。店里主要供应各种口味的冰淇淋，当然咖啡、蛋糕也很美味，都值得一尝。

■ 地址：Nimmanhaemin Road Soi 17, Chiang Mai

● Mango Tango

Mango Tango位于尼曼翰明路上，是一家人气非常旺盛的餐厅。餐厅比较小，大约有30个座位，主要供应芒果糯米饭、芒果西米露、芒果冰沙、芒果汁布丁等。在艳阳高照的夏天，来这里吃上一份清爽酸甜的杧果味的东西，非常舒服。

■ 地址：12 Moo 5 Nimmanhaemin Road, Soi 11, Chiang Mai
■ 电话：08-98515741
■ 营业时间：11:00～22:00

● Huen Phen

Huen Phen位于清迈古城中，离盼道寺很近。这家餐厅比较特别，分为白天和晚上经营，其经营者为兄弟俩。餐厅在白天和晚上的风格有所不同，白天为一家比较大众化的泰式餐厅，菜肴美味，价格便宜，但只能在大厅用餐。晚上，餐厅就在统一建筑的另一个区域营业，那里白天不开放，装饰风格有泰北风情，餐具也比

较讲究。这家餐厅的菜单都有图片，点菜很方便，建议品尝一下这里的咖喱鸡肉面（Khao Sawy）、泰北式云南米线（Knom Jen Numngew）等。

- 地址：112 Rachamankha Rd. Chiang Mai
- 电话：053-277103
- 费用：每道菜30～120泰铢

每天有现场音乐表演。建议品尝炒米粉、冰淇淋、冬阴功汤、红咖喱软壳蟹、烤沼虾、海鲜菠萝炒饭、海鲜烩炸鱼等美食。

- 地址：Mueang Chiang Mai District, Chiang Mai
- 电话：053-243239
- 网址：www.theriversidechiangmai.com

● The Good View Bar & Restaurant

这家餐厅坐落在滨河（Mae Ping）边，兼营酒吧和餐厅，是一个欣赏河岸风景的好去处。这里有室内餐桌和露天餐桌，想看一看滨河夜景，感受一下清迈夜晚的凉爽，可以坐在沿河的露天座位上。不过想要坐上这些位置，需要早去，晚了就没有位置了。露天餐桌上会点蜡烛，很浪漫。餐厅

● IBerry

这是尼曼翰明路上一家非常有人气的甜品店，里面的装饰很有特色，店面也很大。店里和店门口有很多摆拍，可以拍照。这里主要供应各种口味的冰淇淋，如芒果冰激凌等。这里的咖啡、蛋糕也很美味，值得一尝。

- 地址：Nimmanhaemin Road Soi 17, Chiang Mai
- 电话：053-895181

清迈其他餐厅推荐		
英文	地址	电话
Jok Sompet	Sripoom Rd., Chiang Mai	053-210649
Sornchan	Tae Pae Gate, Chiang Mai	053-271524
The Gigantea	300 Chang Moi Rd.Chiang Mai	053-233464
Siam Ceradon Tea Shop	158 Tha Pae Rd.Chiang Mai	053-234519

和孩子住哪里

清迈的住宿比较多，从高档的酒店到经济的民宿，从几千泰铢的度假别墅到二三十泰铢的床位都有。清迈古城内的旅馆多集中在城东护城河两岸的几条街上，一些小旅馆多隐藏在小巷中。一般经济型住宿都在500泰铢以下，中档的酒店、旅馆在500～1500泰铢，高档的酒店、别墅在1500泰铢以上。相同的住宿条件，清迈古城内会比古城外贵。清迈的旅游旺季是10月至次年3月和4月12～15日的泼水期间，此时前往清迈游玩，需要提前预订酒店。在旅游淡季（5～10月）住宿打折力度比较大。如果提前预订，大部分酒店和旅馆都会提供接机或接车服务。

● Roseate Chiang Mai

酒店拥有现代空调客房，距离清迈国际机场和中央机场广场购物中心只有10分钟的车程，设有24小时前台和内部餐厅，并提供免费无线网络连接。舒适的客房都配备有一台平面有线电视、迷你吧和一个保险箱。客人可以在旅馆内旅游咨询台的帮助下游览城市风光和景点。酒店还提供会议和停车设施。餐厅中供应各种泰国和国际点菜菜肴。

■ 地址：24/ Ratchapakinai Rd.Soi 1, T.Sriphum, A. Muang，Chiang Mai

● Kodchasri Thani Hotel

酒店位于清迈古城区，提供四星级精品住宿、室外游泳池、免费无线网络连接和免费的自行车出租服务。传统的泰式装潢、东方风格的木制家具和独特的弧形固定衣柜为客房营造典雅的氛围，客房亦配有平面电视和迷你吧等设施。酒店的餐厅供应正宗的泰式菜肴以及西式佳肴。

■ 地址：54/3 Rajabhakinai Road, Phra Singh, Muang, Chiang Mai
■ 电话：053-281950

● Bodhi Serene,Chiang Mai

酒店将清迈的传统兰纳设计以及现代设施融为一体，设有一个室外游泳池和图书馆，轻松步行即可抵达塔佩门（清迈古城遗留下来的唯一城墙遗迹）。客房配有漂亮的木制室内装潢以及可俯瞰庭院和花园的私人阳台。酒店餐厅俯瞰着游泳池，全天供应西式和亚洲菜肴。The Ficus Bar 酒吧则供应小吃和饮料。

■ **地址：** 110 Ratchaphakhinai Road, Tambol Phra Singh, Chiang Mai
■ **电话：** 053-903900

● The Grand Napat

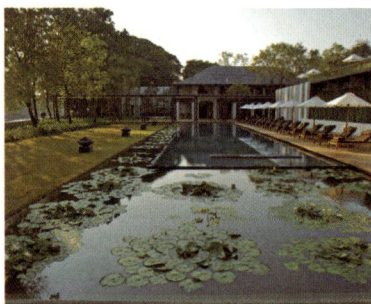

The Grand Napat酒店设有一个室外游泳池和免费无线网络连接，提供免费班车服务。空调客房享有中性色彩和木制家具装饰，配备有平面电视和沙发。有些公寓设有小厨房和浴缸。客人可以在健身房锻炼，或使用24小时接待台的票务服务。酒店的餐厅每天供应美式早餐，也提供泰国当地菜肴和西餐。

■ **地址：** 70/1 Muendamprakot Rd. Changphuank, Muang, Chiang Mai
■ **电话：** 053-231777

清迈其他住宿推荐				
中文名称	英文名称	地址	网址	电话
清迈M酒店	Hotel M Chiang Mai	2-6 Ratchadamnoen Rd.Thapae Gate,Sriphum,Mueang Chiang Mai	www.hotelmchiangmai.com	053-418698
清迈艾美酒店	Le Meridien Chiang Mai	108 Chang Klan Road, Tambol Chang Klan, Amphur Muang Chang Moi, Mueang Chiang Mai	www.lemeridien.com	053-253666
坎塔利山酒店	Kantary Hills Hotel	44 Nimmanhaemin Road Nimmana Haeminda Road Lane 12	www.delannahotel.com	053-326278
清迈酒店	At Chiang Mai Hotel	77/1 Rajvithi Rd. T.Sripoom A.Muang	www.atchiangmaihotel.com	053-222111
梧桐旅店	Parasol Inn Hotel	105/1 Praproklao Rd., Klangwiang Intersection, Muang	www.parasolinn.com	053-226608
德兰纳酒店	De Lanna Hotel	44 Intawarorot Road T.Sriphum Muang	www.delannahotel.com	053-326278

给孩子买什么

清迈是一个将购物这两个字赋予无限内涵的城市，在这里，父母能和孩子通过逛众多别具当地特色的购物地，感受一个不一样的清迈。在每个乡村都有制作个性十足的精美工艺品，如宝山手工制伞村和以泰丝出名的桑甘烹村等。此外，清迈以泰国手工艺品的中心而闻名，这里的手工艺品种类丰富，质量上乘，非常值得购买。你可以在商场、专卖店和夜市中购买到这些手工艺品，不过在购买的时候需要仔细挑选，以保证买到真正艺术家们的手工制品。

不可错过的购物地

清迈是泰国主要高品质手工艺品的制作中心，形成了山甘烹手工艺/泰丝编物村、宝山手工制伞村等颇具规模的产业集群。在市区商场或夜市中，可以购买到各种制作精美的古董、银饰品、刺绣、泰丝、棉制品、织篮、银器、家具、漆器及纸伞等。最为关键的是这些产品相较于泰国其他地方要便宜得多。在清迈购物，还能在市区或其他村镇里观赏到所购工艺品的制作过程，很有意思。如果没时间上那些地方购买工艺品，清迈的许多市场，尤其是丰富多样的夜市，将是父母和孩子购物的好去处。清迈的大型购物广场和特色小店大多集中在清迈的商业中心宁曼路。

● 长康路夜市

每当夜幕降临，清迈夜市所在地长康路一片灯火通明，夜市通常能延伸至2千米左右，在这一片区域里人头攒动、车水马龙。来自世界各地的游客与摊位老板们讨价还价，热闹非凡。这里摆卖着众多木雕、押花式棉纸、棉织品、于绘纸伞、凸花银器等清迈本地艺术品，还有用玫瑰、菊花、百合和蝴蝶兰制作的烛花和皂花，造型奇异，是夜市上的抢手货。

● 清迈周日步行街

清迈周日步行街位于古城东门内的几条街道上，是颇受本地人和游客青睐的地方之一。每周日下午4:00开始，这几条街道就开始封闭为步行街，届时整条街会陆续挤满贩卖各式商品的摊位。从山区少数民族的特色手工艺品、各式各样的古董、银质首饰到竹编制品、青瓷、手绘纸伞等一应俱全。

■ **地址：** Tha Phae Gate，Chiang Mai

● 清迈机场购物广场

泰北地区最大的购物中心就是清迈机场广场。在机场中的商场里，经常可以碰到一些名牌产品打折，如Lee的牛仔裤、Camel的T恤、Hush Puppy

的鞋等。这里的名牌品质优良，价格要比国内便宜不少。在商场的地下一层还有美食广场，游客可以吃到各种泰北小吃，便宜又美味。

■ 地址：Mahidol, Pa Daet, Mueang Chiang Mai, Chiang Mai
■ 开放时间：9:00～22:00
■ 电话：053-999199

● P.Collection银器工厂

这里的银饰品非常漂亮，最有特色的是和欧洲品牌合作的设计单品，一种将泰国银饰和施华洛世奇水晶结合在一起的装饰品，可以单拆出来作为挂件，也可以串在一起变成手链。除了这种特别闪耀的饰品外，这里的传统泰国银饰也非常好看。对中国游客来说，可以在这里得到中文的导游和导购服务，并可以在敞开的厂房内观看泰国人怎么加工银饰，都很有意思。

■ 地址：120 Moo 3 Chinag Mai Sankampaeng Rd. Chiang Mai

● Herb Basics精油店

这是清迈最有名的精油产品店，一走进这里，目之所及之处便是各种精油、肥皂、洗发水等各种香喷喷的东西。各种花朵和草药精华做成的肥皂色彩艳丽，还有被做成棒棒糖的肥皂。泰国的精油制品非常有名，既然到了这里就买一些回去，用肥皂洗澡的感觉依然很好，相信这样一个令女性游客的购物场所，一定也是各位来自中国的妈妈们的所爱。

■ 地址：344 Tapae Road, Muang, Chiang Mai
■ 电话：053-234585

● 清迈中央机场大厦

清迈中央机场大厦（Central Airport Plaza）是清迈最大的购物中心，集吃喝玩乐于一体。商场内云集了Lee、Camel、Hush Puppy等品牌，并且经常有打折活动，是真正的物美价廉之地。商场的地下一层是美食广场，有很多泰国小吃可以品尝。

■ 地址：1141 – Mahidol 2, Nong Hoi, Mueang Chiang Mai
■ 交通：距离清迈国际机场有一定的距离，商场有班车前往清迈机场，每1小时一班

● 尼曼翰明路

尼曼翰明路（Nimmana Haeminda Road）位于清迈古城西边，是一条非常小资的街道。路上有很多咖啡馆、Pub、饭店、特色小店、书店等，很有情调。有的店可以自选花样定做印花的包包、袋子、桌布等，还可以自己DIY制作。各个小店前也有很多摆拍，你可以在此多拍几张照。

● Kad Suan Kaew

Kad Suan Kaew位于清迈古城西北角，是清迈市比较大的购物中心。商场建筑像一座城堡，有棕色的砖墙，很宏伟。商场内有500多个店，还有电影院、游乐场、酒店、书店等，其中美食区在地下一层，泰北特产在一、二层。这里的购物市场也有很多打折活动，如果你想买比较好的清迈特产、折扣化妆品、牛仔裤，那就不可错过这里。

■ 地址：Mueang Chiang Mai District, Chiang Mai
■ 电话：053–894379

● 博桑手工艺村

博桑手工艺村以生产手绘纸伞而闻名，是泰北著名的制伞小村。这里用普通的丝、棉、桑皮纸制作出各种花伞，颜色、图案多样，漂亮且精致。在博桑手工艺村的街道两旁有很多售卖手工艺品的店铺和工坊，在其中你不仅能买到漂亮的纸伞，还能在博桑手工艺中心近距离观看花伞制作的复杂工艺，与博桑的手工艺者接触，还可以亲自动手学习制作纸伞。每年1月会举办伞节，届时场面很隆重。

● 苗族村

苗族村又称兰蒙村（RanMong DoiPui），位于素贴山上，小村依山而建，小巧精致。这里以少数民族的传统手工艺著称，在这里可以买到苗族服饰、银首饰、绣片、布艺手工包、木偶、佛珠等，极富民族特色。

● 山甘烹手工艺村

山甘烹手工艺村（San Kamphaeng）位于清迈市中心以东约14千米处，以棉、丝纺织品而闻名。这里出产泰北的丝绵制造品，包括丝绸、丝制衣服等，是泰国传统手工艺村之一。在村中的街道两旁遍布纺织品店，你可以在这里买到各种泰丝制品。

在清迈的出行

清迈的交通很便利，对于带孩子旅行的游客来说，乘坐公交车或出租车都是不错的选择。嘟嘟车在清迈也非常受欢迎，是清迈出行最便宜的交通方式。还有特色的机动三轮车或是人力三轮车，无论乘坐哪种交通工具，都可以放心的带孩子去游玩。

公交车

清迈市区内运营的是白色的空调汽车，每天从早上6:00运行至晚上9:00，票价15泰铢。清迈的交通管理部门宣称，清迈有3条公共汽车线路，但是他们所描述的具体线路与实际运营相差甚远。具体线路需多询问几个当地人，为了避免麻烦，尽量不要乘坐。

出租车

在清迈，出租车的起步价为40泰铢，车行2千米后每公里加收5泰铢。但是，在清迈很难找到按里程计费的出租车，需要打电话给Taxi Meter（0066-0527 1242）要求上门接客服务。

嘟嘟车

嘟嘟车由双条车（Songthaew）红色的皮卡车改装而成，可乘10余人，因后有两条座席得名。这是清迈最普遍、也是最合适的交通工具，随处可见到它们的踪迹。嘟嘟无固定路线，招手停，只要告知司机要去的地方，如果他点头同意，下车时大约支付20泰铢即可。

机动三轮车

机动三轮车在清迈古城里出行最便宜的方式。不过建议提前讲好车费，在古城内，短途车费的合理价格为20～40泰铢。若越过河区的话，价格会需要40泰铢以上。

人力三轮车

清迈仍有一些人力三轮车，主要集中在瓦落落市场。单程费用约需20～30泰铢。

165

如何在清迈跟团游

在清迈怎样报团

报团涉及在国内报团和到了目的地报团这两种方式。在本书PART1的出行方式里面，已经介绍了在国内报团的方式和注意事项，这里详细介绍在清迈如何报旅行团。报团前先了解当地有哪些可靠旅行社供选择。

● 清迈的旅行社

清迈知名的组团旅行社并没有曼谷多，建议孩子父母前往清迈时多做些行前准备和攻略。清迈的大部分著名景点都设在市区，距离很近，看着路标和特色标志就能找到。在清迈市区有几家旅行社，很容易找到。他们会提供一些景点的旅行团服务，只是价格比较昂贵。建议可以自己坐大巴到周边目的地，然后再在当地的信息中心报团，这样价格就比较好控制，最主要的是时间也不会很赶。

清迈知名的地接社

对于带孩子境外游的游客来说，初到一个陌生的城市，肯定有很多的不适。如果在境内报团，在当地有直接的接待社对于父母来说肯定很有必要。这样既节省了时间又非常方便，下面简单介绍几家清迈当地的地接社，供前往清迈的游客参考。

清迈知名的地接社			
中文名称	英文名称	地址	电话
健光旅行社	Chiangmal KK Travel	205/2 Moonmeung Rd. Meung, Chiangmai	053-227422 053-219009
盛利旅行社有限公司	Erawan P.U.C.CO.,LTD.	211/14-5 Changclan Rd.Meaung , Chiangmai	053-282032 053-276548
北辰之旅旅行社	North Thal Tours	79/8 Sriping meung Rd. Meungchiangmai,Chiangmai	053-281449
顺通旅运	Pattern Tour CO.,LTD.	333/10 Tanawan Village Chiangmai-praow Rd.Nongjom Chiangmai	053-249169 053-249172
泰北旅行社	Siam I.T. Tour CO.,LTD.	92/17 Sridonchai Meung, Chiangmai	053-273309 053-273067

延伸游览

清迈周边

自驾游

清迈及周边自驾路线

清迈的国家公园有很多，大多游客会自驾前往，此行程多为山区道路，路面平整，普通轿车均可通过。沿途经过城镇、村庄、学校，要注意民风民俗忌讳众多，全程路况复杂多变，需由驾龄长、经验丰富之合法驾驶员谨慎驾驶车辆。在清迈自驾一定要礼貌行车，不可强超、强会、随意停放，还应谨慎鸣笛。

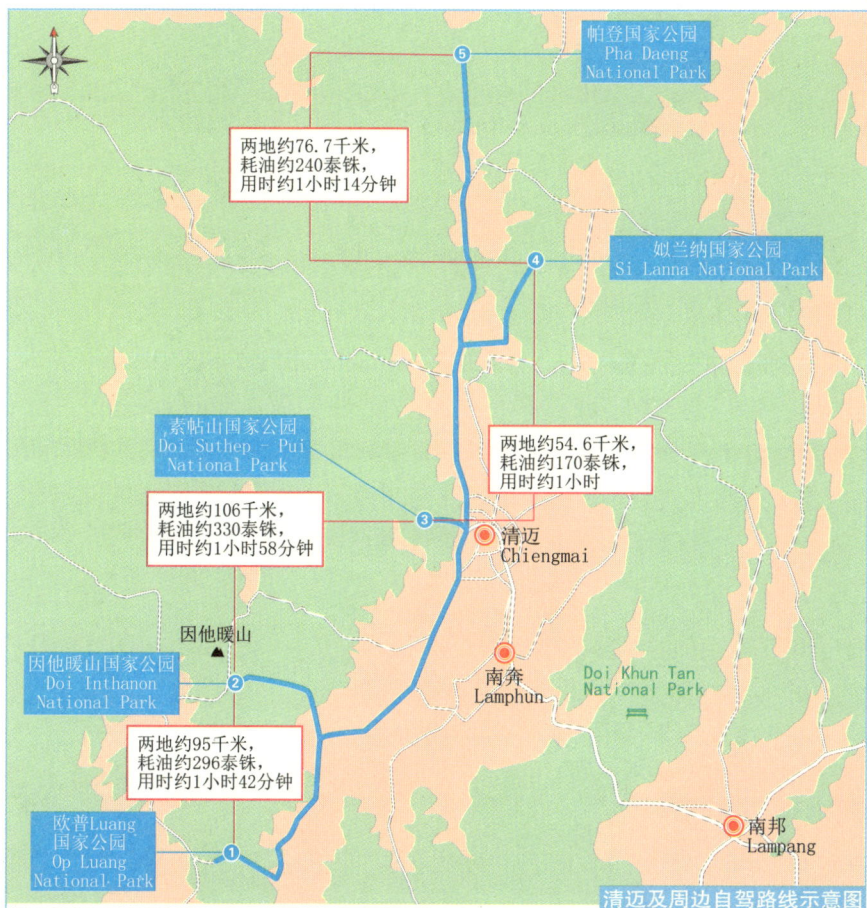

帕登国家公园
Pha Daeng
National Park

两地约76.7千米，
耗油约240泰铢，
用时约1小时14分钟

姒兰纳国家公园
Si Lanna National Park

素帖山国家公园
Doi Suthep - Pui
National Park

两地约54.6千米，
耗油约170泰铢，
用时约1小时

两地约106千米，
耗油约330泰铢，
用时约1小时58分钟

清迈
Chiengmai

因他暖山

因他暖山国家公园
Doi Inthanon
National Park

南奔
Lamphun

Doi Khun Tan
National Park

两地约95千米，
耗油约296泰铢，
用时约1小时42分钟

欧普Luang
国家公园
Op Luang
National Park

南邦
Lampang

清迈及周边自驾路线示意图

景点名称	孩子玩点	优惠信息	地址
		对孩子优惠的景点	
清迈夜间动物园	看动物的夜间活动、喂小动物	成人500泰铢，儿童300泰铢	Rte 121/Th Klorng Chonprathan, Chiang Mai
清迈动物园	看大熊猫、树袋熊、淡水鱼，给动物喂食	熊猫馆票价：成人100泰铢、儿童50泰铢；雪城票价：成人150泰铢，儿童100泰铢；水族馆票价：成人450泰铢，儿童350泰铢	离市中心约4千米，素贴山上，是去往双龙寺的必经之地
清曼寺	看佛像，感受泰北建筑风情	免费	Th Ratchaphakhinai Rd.
清迈古城	看古迹、寺庙，逛集市，感受清迈人的生活	免费	Mueang Chiang Mai District, Chiang Mai
湄沙大象营	看大象表演、骑大象	看大象表演（即门票）成人200泰铢，儿童100泰铢，骑大象800泰铢	Mae Rim District, Chiang Mai
丛林飞越	徒步穿越丛林	1600～2000泰铢	Huai Kaeo Chiang Mai
草莓园	摘草莓，买到与草莓相关的物品	免费	Tambon Thung Yao, Amphoe Pai, Chang Wat Mae Hong Son
老虎园	看老虎	与老虎相处或拍照收取一定费用	Mae Raem, Mae Rim District, Chiang Mai
大象自然保护公园	看老虎、水牛等动物，骑大象或给大象喂食	免费，骑大象、看表演收费	209/2 Sridom Chai Road, Chiang Mai
拉查帕皇家花园	看庭园、建筑、昆虫馆，玩摩天轮	成人100泰铢，儿童50泰铢，年票400泰铢	Royal Park Rajapruek, Mae-hia, Muang, Chiang Mai
素帖山国家公园	看清迈轮廓景观、大殿、佛像、彩色神龙	100泰铢	Mueang Chiang Mai District, Chiang Mai

景点名称	孩子玩点	优惠信息	地址
老清迈文化中心	享受餐厅宴会、看泰国歌舞表演、看木质建筑	100泰铢	185/3 Wualai Rd. Haiya, Muang, Chiangmai
诗丽吉皇后植物园	参观各种植物，到玫瑰园中游玩	成人100泰铢，儿童50泰铢	The Botanical Garden Organisation, P.O. Box 7, Queen Sirikit Botanic Garden, Maerim, Chiang Mai
美丹大象营	骑乘大象、穿越树林、看大象踢球、跳舞等表演、乘竹筏、山林漂流	骑大象收取费用	Headquarters Maetaman Village, Maetang, Chiang Mai
因他暖山国家公园	看野生动物和各种鸟类、赏花或观赏植物	200泰铢	Chom Thong District, Chiang Mai
兰花园	欣赏兰花，看泰拳表演、民俗表演	免费	61 Moo 6,Old Mae Rim-Samerng Rd.Chiang Mai
清迈大学	拍照、感受书香气氛	50泰铢	239 Huay Kaew Road, Muang District, Chiang Mai

最好的学习在路上

带孩子游泰国

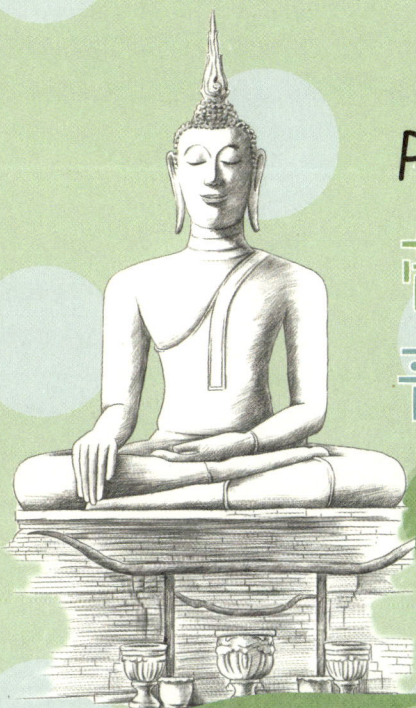

PART5

带孩子游普吉岛

171 ▶ 195

　　普吉岛是泰国最具代表性的旅游度假胜地，岛上每个沙滩都有各自的优点和魅力，白色的海滩，奇形异状的石灰礁岩，以及丛林遍布的山丘，每年都会吸引大量游客。这里遍布海滩和海湾，有以清净著称的卡马拉海滩，有私密性风格的苏林海滩，有经常举行海上运动的珊瑚岛。岛上还有很多山，游客可以在岛上乘坐出租车和摩托探险，也可以潜水和乘坐游艇出海。

带孩子怎么去

优选直达航班

目前乘坐飞机从中国能直达泰国普吉岛的城市主要有北京和上海，带孩子的游客可以参考下面的信息，选择航班。表格中的出发时间是以北京时间为准，到达时间是泰国当地时间。

从中国到普吉岛，承运直达航班的航空公司主要是中国国际航空公司和中国东方航空公司，这两家公司都能够提供中文服务，适合于带着孩子或首次出境游玩的游客。

中国到普吉岛的直达航班资讯						
承运公司	航班号	班次	路线	出发时间	到达时间	实际北京时间
中国国际航空公司	CA821	周一、三、四、日	北京→普吉岛（普吉国际机场）	19:40	00:20	01:20
	CA621	周一	北京→普吉岛（普吉国际机场）	22:25	03:00	04:00
中国东方航空公司	MU9857	每天都有	上海（浦东国际机场）→普吉国际机场	22:10	02:00	03:00
	MU9831	每天都有	上海（浦东国际机场）→普吉国际机场	21:15	01:10	02:10

从机场到普吉岛

普吉岛只有一个国际机场，位于普吉镇西北30千米处。机场有小型公共汽车可到达普吉镇，去芭东、卡塔或卡隆海滩需要180泰铢。或者乘坐出租车，从机场前往市区。

普吉国际机场至普吉镇的交通		
交通方式	英文	介绍
机场巴士	Airport Shuttle Bus	从机场到普吉镇的机场巴士运营时间6:30~20:45，每1~1.5小时发一班车，票价85泰铢，车程1小时
迷你巴士	The Mini Bus	速度比机场巴士快，到普吉镇需220泰铢，芭东海滩需180泰铢，到卡塔海滩需250泰铢
双条车	Two car	航站楼外的大街上设有双条车站，到普吉镇约30泰铢

亲子行程百搭

普吉岛百搭

　　普吉岛的海滩风光甚多，一家人在这里可以游玩一两天时间，想要休闲点的可以按照海滩路线游玩，喜欢刺激好玩点的可以按照探险乐园路线游览，更好玩的是将这些路线自由搭配。要注意在途中休息一下，状态好才能玩得好。

热带风暴水上乐园 Splash Jungle

奈阳海滩 Nai Yang Beach

Sirinat National Park

苏林海滩 Surin Beach

普 吉 岛

幻多奇乐园 Phuket Fantasea Show

普吉镇 Phuket Town

卡伦海滩 Karon Beach

芭东海滩 Patong Beach

拉崴海滩 Rawai Beach

阁隆岛 Ko Lon

Andaman Sea

普吉岛百搭路线示意图

探索乐园之旅

乘小客车或乘出租车或乘嘟嘟车从海滩至镇上

❶ 普吉镇 `1 小时`

Phuket Town

⌄ 可从普吉镇中心坐嘟嘟车前往，或搭乘中巴前往

❷ 芭东海滩 `2 小时`

Patong Beach

⌄ 从4233号公路向东北行驶，然后向右转进入卡马拉8，全程10.3千米，耗时17分钟

❸ 幻多奇乐园 `1.5 小时`

Phuket Fantasea Show

⌄ 走4025号公路和402号公路驶入迈考的3033号公路，继续沿着行驶，开往金面4，全程29.2千米，耗时40分钟

❹ 热带风暴水上乐园 `1.5 小时`

Splash Jungle

海滩休闲之旅

自驾车或乘出租车前往

❶ 奈阳海滩 `1 小时`

Nai Yang Beach

⌄ 向东前往4031号公路，然后转入402号公路，走4030号公路驶入塔莱

❷ 苏林海滩 `1.5 小时`

Surin Beach

⌄ 开往4025号公路，然后开往卡隆的4233号公路，全程21.5千米，耗时35分钟

❸ 卡伦海滩 `2 小时`

Karon Beach

⌄ 从4233号公路向南行驶，然后从环岛4出口上4024号公路，再右转沿着4233号公路前行，左转即到

❹ 拉崴海滩 `1.5 小时`

Rawai Beach

亮点

1. 芭东海滩：玩香蕉船、沙滩玩乐
2. 卡伦海滩：潜水、品尝美食
3. 幻多奇乐园：观看各种表演
4. 珊瑚岛：海底世界漫步
5. 攀牙湾：观赏美景
6. 热带风暴水上乐园：玩各种游乐项目

普吉镇

普吉镇（Phuket Town）环境静谧，它位于普吉岛东南部。镇上保留着很多古老中国和葡萄牙风格的建筑，拥有非常质朴的人文气息。其中，保留着中式传统风格的建筑集中在泰朗路（Thalang Road）和迪布街（Dibuk Road），而比较典型的葡萄牙风格建筑位于甲米路（Krabi Road）和沙敦路（Satun Road）交叉口。那座葡萄牙风格的老房子原是葡萄牙商务办事处，现在是老城区唯一保存完整的旧建筑，非常值得一看。和孩子来到这里可以感受浓浓的泰国小镇风情。

适合孩子年龄：6～12岁
游玩重点：欣赏中式古老建筑

亲子旅行资讯

✉ 28 Krabi Rd.Phuket

🚌 乘小客车大约150泰铢/人，乘出租车约600泰铢/车。各海滩到普吉镇都有班车，票价从15～100泰铢不等，一般晚上6:00后停运。嘟嘟车从海滩至镇上200～400泰铢

🎫 200泰铢

📅 除周三和节假日外的每日9:00～17:00

☎ 076–211224

芭东海滩

芭东海滩（Patong Beach）是普吉岛开发最完善的海滩区，也是岛上最热闹的地方，这里不仅是很多成年人尽情嬉戏的乐园，同时也深得小孩子们的喜爱。在这里，爸妈可以陪着小孩子一起在细腻的沙滩上晒日光浴，或者去玩香蕉船、帆板、游艇等水上游乐项目，都是很好的选择。海滩的海水清澈，鱼类众多，非常适合潜水，如果孩子喜欢潜水，当然也不能错过这个机会了。白天游玩得很尽兴，晚上就和孩子一起到邦古拉街（Bangla Road）感受一下当地的生活吧。你们可以一边悠然地漫步，一边逛逛海滩附近的商店，看看有没有自己喜欢的东西。

适合孩子年龄： 6～12岁
游玩重点： 玩香蕉船、游艇、帆板、晒日光浴

亲子旅行资讯

✉ 普吉岛西南方，距离普吉镇15千米
🚗 可从普吉镇中心坐嘟嘟车前往，或搭乘中巴前往

幻多奇乐园

作为一座偌大的夜间主题公园，幻多奇乐园（Phuket Fantasea）征服了很多人，当然也包括众多小朋友们。爸妈可以和孩子在这座被誉为"泰国的迪士尼"的乐园中一起欣赏拉斯维加斯式的歌舞表演、看嘉年华村等。还可以饶有兴趣地看乐园中的主题商业街、小吃摊、宫廷式餐厅、购物中心，以及著名的拉斯维加斯秀场——梦幻王国剧场。剧场综合运用视觉与听觉的感官刺激，并集合各种表演的精华，相信这一切都会让爸妈和孩子印象深刻，可以给孩子带来一场丰盛的视觉盛宴。

适合孩子年龄： 8～12岁
游玩重点： 看魔术、马戏表演、精彩的舞台剧

亲子旅行资讯

✉ 99 Moo 3, Kamala Beach, Phuket
🌐 www.phuket-fantasea.com
💲 单看舞台表演，1500泰铢；自助餐，成人800泰铢，4～12岁儿童600泰铢；演出+自助餐套餐，成人1900泰铢，4～12岁儿童1700泰铢。剧场内位置最好的金席另加250泰铢。4岁以下儿童免费，但不占座位
📅 除周四外，每天17:30～23:30开放
☎ 076-385111

神仙半岛

神仙半岛（Prom Thep Cape）位于普吉岛最南端，因观景台上供奉了一尊四面佛而得名为"神仙半岛"。半岛上有陡峭的岩壁，岩壁下的圆石林立，汹涌的海浪拍打着岩壁和圆石激起层层浪花。这样壮丽的景色，再加上随风摇曳的棕榈树，使得这里极富东南亚特有的沿海风情。半岛上的观景台是欣赏日落的最佳地点，每天都有无数的人在这里等待海洋日落的美景。

神仙半岛有一座小山，山上有一个广场，广场上设有平台和护栏，供人们凭栏眺望日落。日落时，可以和孩子一起观看那美丽得令人眩晕的美景：天空中出现了绚丽多姿的彩霞，彩霞的余晖将海水染红，犹如金鱼的锦鳞，一片辉煌。神仙半岛上没有水泥丛林阻挡视野，每到傍晚时分，就会成为观看落日余晖美景的最佳地点。同时，半岛上有一尊巨大的四面佛，供前来的人们亲临膜拜。

亲子旅行资讯

✉ 泰国普吉最南端的蓬贴海角

🚗 从卡塔海滩搭乘嘟嘟车前往，约需15分钟，往返300～400泰铢

皇帝岛

皇帝岛（Racha Island）位于普吉岛南边，由于开发较晚，到此游玩的游人相对少一些，这里沙滩的环境格外清幽，是一个静谧的海上世外桃源。岛屿虽然开发的时间没有其他岛屿早，但皇帝岛凭借其美丽的环境、碧蓝澄澈的海水、绵长细腻的沙滩、相对独立的环境，赢得了越来越多的游人青睐。在这里，爸妈可以和孩子尽情饱览天然热带岛屿风光、沐浴灿烂的阳光、聆听阵阵海浪拍岸声、享受潜入水底探索海底世界的乐趣。

亲子旅行资讯

✉ 泰国普吉最南端的蓬贴海角

🚗 从普吉岛的查龙港坐快艇25分钟可到，坐普通渡轮约50分钟可以到达

卡伦海滩

卡伦海滩（Karon Beach）位于普吉岛的东南海边，是普吉岛最长的海滩之一。这里的景色很美，有着细腻绵长的白沙滩，气氛相较于芭东海滩更为悠闲、安静，来这里享受海滨美景的人们多喜欢在海滩上享受美食和阳光。如果爸妈和孩子想尝试一下冲浪，那么来这里也不错，这里的风浪比较大，向来都是冲浪爱好者们放松游玩的乐园。另外，在海滩的最南边，还有很多漂亮的珊瑚，非常适合浮潜，如果爸妈担心小孩子不太适合游玩冲浪活动，则可以和孩子一起体验浮潜的乐趣，也非常不错。当然，也别忘了海滩边还有一个艺术社区呢，这里聚集了很多泰国画家建造的画室和画廊，可以到那里去欣赏泰国的艺术，让小孩子接受一下艺术的熏陶。

适合孩子年龄： 8～12岁
游玩重点： 浮潜、享受美食、看艺术作品

亲子旅行资讯

✉ 紧邻芭东海滩，距普吉镇20千米

🚌 从芭东乘车前往10分钟可到。从普吉镇搭乘中巴45分钟可到，每隔半小时一班，运营时间为7:00～18:00，车费20泰铢左右。如从普吉机场坐出租车前往，车费为700泰铢左右，车程1小时。也有迷你巴士，每人150泰铢

卡塔海滩

卡塔海滩（Kata Beach）是普吉岛几个主要观光海滩中最小的一个，但是这却丝毫不影响这处海滩成为众多孩子们喜爱游玩的宝地，爸妈可以和孩子在这个外形上呈W型的美丽海滩上，游泳、晒着日光浴、潜水，定会收获很多快乐。卡塔海滩最北边是珊瑚礁群，有多种不同珊瑚及鱼类一直延伸到铺岛附近的海域。此外，在卡塔海滩的主干道上漫步还能欣赏到南面的查龙湾的美丽景色。

适合孩子年龄： 6～12岁
游玩重点： 游泳、藏潜水

亲子旅行资讯

✉ 距离市区17千米，距离查龙地区6千米

🚌 卡塔海滩紧临卡隆海滩，从卡隆海滩乘车前往约5分钟即到，从芭东海滩乘车前往也只需15分钟；海滩距离普吉镇17千米，搭乘中巴40分钟可到，每隔半小时一班，运营时间为7:00～18:00，车费20泰铢左右；如从普吉机场坐出租车前往，车费为750泰铢左右，车程1小时；也有迷你巴士，150泰铢/人

珊瑚岛

珊瑚岛（Coral Island）位于普吉岛东南部，小岛从东到西长约3千米，因拥有丰富的珊瑚群生态而得名。的确，你可看到在小岛的周围环绕着各种色彩缤纷的珊瑚礁。这里风光优美，是各种水上运动的最佳选择地点，随处可见很多潜水爱好者和水上降落伞爱好者，还有更多来这里享受日光浴的人们。

珊瑚岛上的沙滩细软白皙、干净轻柔，赤脚走在沙滩上，有一种细沙与身体融为一体的感觉。可以和孩子在上午10:00到12:00这段时间内享受水上活动带给你们的刺激，包括潜水、海上降落伞、香蕉船、海底漫步等。岛上还有一些小吃摊，可以买到烤肠、榴梿和椰汁，这些食物的价格都不贵，就是矿泉水有些贵。如果孩子玩累了，可以选一张躺椅躺下来晒晒太阳，拍拍照，享受一下海风的吹拂。另外一个好玩的地方便是美丽的渔村了：它更像一个专门为小孩子准备的乐园，这里有海底漫步和骑乘大象等游乐项目，经常能从这里"窥听"到小孩子们的欢声笑语。

适合孩子年龄： 6～12岁
游玩重点： 漫步海底世界、骑乘大象、潜水

亲子旅行资讯

✉ Ko He, Rawai, Phuket
🚌 普吉岛南部的查龙码头或拉崴海滩，每天都有固定的轮渡班次前往珊瑚岛，15分钟就可达到，费用是100泰铢，也可以租长尾船或者快艇，150泰铢/人
💲 免费
🕐 全天

攀牙湾

攀牙湾（Ao Phang-Nga）位于普吉岛东北处，是一处风光雄浑壮丽、碧波万里的梦幻之地，素有泰国的"小桂林"之称。攀牙湾有很多岛屿，岛上地形奇特，山峰耸峙，怪石嶙峋，景色变幻万千。攀牙湾同时还有两座著名的石灰岩洞，名字分为佛庙洞和隐士洞，其中佛庙洞有各式千奇百怪的石笋和钟乳石，一座叫金石洞的佛寺，据说在这里许愿十分灵验，如果小孩子比较喜欢，不妨在这里将自己最美好的愿望许下来；隐士洞规模更大，其岩洞由数十个山峰的底部串联而成，洞内流水潺潺，景色神秘壮观。

除了岩洞之外，攀牙湾还有上百座形态奇特的石灰岩小岛，其中最著名的是平甘岛（KoPingkan），这个小岛因是"007系列电影"《手持金枪的人》的取景地而被声名大噪，现在被称为007岛。

适合孩子年龄： 6～12岁
游玩重点： 看电影中的取景地007岛，欣赏美丽的钟乳石

亲子旅行资讯

✉ 普吉岛东北75千米处
🚌 从普吉岛搭乘公交车前往，约需2小时30分钟
💲 200泰铢（国家公园门票）

皮皮岛

皮皮岛（Ko Phi Phi）由北部的大皮皮岛和南部的小皮皮岛组成，是一座典型的热带岛屿，有着灿烂的阳光、洁白的沙滩和宁静的海水。但它又与其他岛屿不同，拥有着丰富多样的自然风貌，如鬼斧神工的天然洞穴——维京洞穴等。

适合孩子年龄：6～12岁
游玩重点：看钟乳石、洞壁等

小皮皮岛

小皮皮岛（Ko Phi Phi Le）与大皮皮岛相隔不远，四周耸立着悬崖峭壁。小皮皮岛上多山和悬崖，有很多天然的洞穴，著名的维京洞穴就在小皮皮岛上。洞穴内栖息着很多海燕，盛产燕窝，所以也被称为"燕窝洞"。孩子可以和爸妈一起欣赏洞穴中美丽的钟乳石，有些洞壁还刻有史前人类、大象、船只的壁画等。

亲子旅行资讯

✉ 普吉岛东南约48千米处
🚤 从普吉查龙码头坐普通渡船2小时左右到达，岛上的交通工具为长尾船

小皮皮岛还被作为好莱坞影片《海滩》的外景地呢！岛上唯一的沙滩在玛雅弯，沙滩的沙子很细，不过混杂着一些贝壳和珊瑚，光着脚很容易割伤。因此爸妈和孩子来到这里的话，一定记得不要赤着脚。如果在当地旅行社预订小皮皮岛一日游，一般会包括鲨鱼点、大堡礁、燕窝洞等景点和几次浮潜。

芭东夜市

芭东夜市（Patong OTOP Shopping Paradise）是普吉岛一处非常热闹的地方，距离芭东海滩不远，这里有着极高的人气，值得来到普吉岛的每一个人前来深深驻足。父母带着孩子来到这里，白天可以冲浪、游泳、开小艇，晚上则可直接去逛逛夜市，感受热闹的氛围。此外，来到芭东夜市怎能不和孩子一起饕餮一番呢？硕大肥美的大龙虾则是很不能错过的"猎物"另外，如果想买一些纪念品来这里也没有错：从手工项链到造型蜡烛，从各式泳装到拖鞋凉鞋，应有尽有。购买这些物品的时候如果看到商品本身没有明码标价，也不妨讲讲价，能便宜一些。

适合孩子年龄：6～12岁
游玩重点：逛夜市、吃美食

亲子旅行资讯
Rat Uthit 200 Pi Rd. Kathu, Phuket
免费
一般从傍晚营业至凌晨

潮爸辣妈提示

如果身体不是很疲惫，还有很多精力，不妨在傍晚时分就开始逛逛芭东夜市里面的店铺，还要注意不要去得太早，因为太早可能会不开门。

苏林海滩

苏林海滩（Surin Beach）位于卡马拉海滩北侧，两个海滩中间隔着辛海岬，安静而迷人，这里风景优美，是观赏普吉岛日落的最佳地点之一。来到这里，很适合和孩子一起漫步在海滩岸边的小路上，小路上挤满了各种古典式的酒吧、小旅馆和商店，让人目不暇接。海滩中的白浪冲击着崖壁，激起层层浪花，让人流连忘返。

适合孩子年龄：6～12岁
游玩重点：漫步、看日落、看浪花朵朵

亲子旅行资讯
Surin Beach, Phuket
从普吉镇的Th Ranong路到素林海滩搭乘小型散篷客车的费用为50泰铢，包嘟嘟车需要250～350泰铢
免费
全天

拉崴海滩

拉崴海滩（Rawai Beach）位于普吉岛最南部的东面，是一个非常安静的海滩。因为这里海水比较浅、珊瑚岩较多，所以来这里游泳的人不多。不过这里有很多的参天大树，树荫浓密，因此成为了人们野餐的好去处。在中午或傍晚时刻，带孩子来到海滩，点一些海边小贩卖的炭烤海鲜、青木瓜沙拉等美食，坐在小贩们准备的沙滩草席上优哉地品尝美食、聊聊天，非常惬意。

适合孩子年龄：6岁以上
游玩重点：沙滩玩耍、美食

亲子旅行资讯

- ✉ Tambon Rawai, Amphoe Mueang Phuket
- 🚗 搭乘小型敞篷客车或者租车前往
- 🕐 全天开放
- 💲 免费

奈阳海滩

奈阳海滩（Nai Yang Beach）是普吉岛上最长的沙滩，共有10千米的海岸线。这里拥有普吉岛最长的珊瑚礁，约1.5千米长，在巨大珊瑚礁之间隐藏着各种鱼类。每年11月到次年2月，海龟们便成群结队到这里来产卵，成为海滩一大奇景。而在每年4月的宋干节时，这里有一个有趣的传统活动，就是将孵化出来的小海龟放归大海。奈阳海滩也是周末当地人和游客选择在海滩上举行野炊的首选地。

适合孩子年龄：5岁以上
游玩重点：沙滩玩耍、放海龟

亲子旅行资讯

- 🏠 市区西北30千米，临近普吉机场
- 💲 免费
- 🕐 全天

拉扬海滩

拉扬海滩（Layan Beach）是普吉岛西海岸上一个非常宁静的游玩地，在这里可以无忧无虑地躺在沙滩上，躺在高大的松树树荫下休息。来这里游玩的大部分是当地人或者西方人，这里像没有普吉岛著名的三大海滩那样有着一排很多的沙滩椅和遮阳伞，这里所有的一切看起来像是在20年前的样子，很自然。带孩子来到这里可以在餐厅租一艘皮划艇小船游玩遍Koh Kala 和lagoon。

适合孩子年龄：6岁以上
游玩重点：沙滩玩耍、乘皮划艇游览

亲子旅行资讯

✉ Tambon Choeng Thale, Amphoe Thalang, Chang Wat Phuket 83110
💲 免费
🗓 全天

热带风暴水上乐园

热带风暴水上乐园（splash Jungle Water Park）是普吉岛上一个超大型热带水上风暴乐园，来到这里可以看到从极高处急转而下，纵情尖叫，城市生活积累的喧嚣与疲惫一扫而光。 而225米长的环形漂流河则有一点儿丛林探险的味道，沿途岸边有不少雨林植物，营造出热带丛林的氛围。静静漂行于缓慢的水流中，闭目聆听远处大海的声音，自在且慵懒。这里还有造波机、懒人河、各种滑梯、温泉泳池和儿童游乐区等，其有专为儿童设计的"欢乐水工厂""林屋探秘"以及"恐龙滑梯"，融合了游乐场的趣味性，并符合童趣。因此，家长可以在照看孩子游乐之余，也可与他们一同体验水上乐园的乐趣。

适合孩子年龄：7岁以上
游玩重点：乐园、滑梯

亲子旅行资讯

✉ 683 Patak Road, Karon Beach, Amphur Muang, Phuket

普吉岛其他景点推荐		
中文名称	英文名称	地址
007岛	Doi Suthep	Kao Ping Kan Island, Ao Phang – nga National Park
鸡蛋岛	Khai Island	Phru Nai, Ko Yao District, Phang–nga
查龙寺	Wat Chalong	4021号公路，Chaofa Road West南段

中文名称	英文名称	地址
四面佛	Four-Face Buddmst Idol	Laem Phrom Thep, Rawai, Mueang Phuket
查龙湾	Chalong Bay	Chalong Bay, Phuket
芭东佛寺	Wat Suwan Khiri Wong	Kathu, Phuket 83120
沙发里	Safari	38/60 moo. 5 t .chalong a. muang Phuket
奈汉海滩	Nai Harn Beach	Rawai, Mueang Phuket, Phuket
普吉镇周末市场	Phuket Weekend Market	Tambon Wichit, Amphoe Mueang Phuket
考朗山	Khao Rang Hill	Mueang Phuket District, Phuket
通赛瀑布	Ton Sai Waterfall	Namtok Ton Ton Sai, Thep Krasattri, Thalang, Phuket
栳帕吊国家公园	Khao Phra Thaeo National Park	Thep Krasattri, Thalang, Phuke
斯里纳斯国家海洋公园	Sirinat Marine National Park	89/1 Moo 1 Ban Nai Yang, Sakhu, Thalang, Phuket
西瑞岛	Koh Siray	Ko Sire, Phuket
海豚岛	Khai Nai	Phru Nai, Ko Yao District, Phang-nga
蜜月岛	ko mai thon	普吉岛南端地处北纬5度线
Anda探险营地	Anda Adventure	111/365 Suanneramit Village 5 Soi 17 Moo 8 T.Paklok, Thalang Phuket
苏林群岛	Surin Islands	Mu Ko Surin National Park, Surin Islands
大朗岛	Rang Yai Island	Muang, Phuket 83200
奈通海滩	Nai Thon Beach	Nai Thon Beach, Sa Khu Phuket
海龟养殖中心	The turtle breeding center	92/5 T.lamgang A.Talmuang Phangnga
卧佛庙	Suwan Kuha Temple	Moo 2 Tambon Krasome Takuatoong Phangnga
拉古娜海滩	Laguna Beach	Choeng Thale, Thalang, Phuket
卡马拉海滩	Kamala Beach	Kamala Beach, Phuket

跟孩子吃什么

　　普吉岛有来自世界各地的游客，所以美食类型也多种多样，有中国、法国、美国等世界各国的美食。但到了泰国，一定要品尝一下当地的美食，普吉岛随处都可找到颜色鲜艳、味道鲜美的泰国美食，如冬阴功汤、芒果糯米饭、菠萝炒饭、青木瓜沙拉、海鲜等。普吉岛盛产海鲜，新鲜打捞的龙虾、生蚝、鱿鱼、蟹等海鲜几乎在每个餐厅都可吃到，因此游客可在此享受到美味的海鲜盛宴。普吉岛上还盛产各种热带水果，各种购物场所都能买到新鲜甜美的鲜果。

普吉岛的特色美食

　　普吉的菜肴混合了泰国、马来西亚和中国菜的口味，一些泰国的标准菜式中加上了本地的海鲜。比如普吉最有名的菜肴——鱼泥咖喱汁中国面，就是以泰国的咖喱融合中国风味的传统面食。普吉岛天然的地理优势加上独具当地特色的原料，诞生了一些口味奇特的海鲜菜肴，包在香蕉叶里的清蒸海鲜咖喱是其中的典范。地道的普吉菜在普吉岛的一些经典老店都可吃到。普吉岛的主要就餐场所集中在芭东海滩和普吉镇上，想要吃到便宜的海鲜排档，芭东海滩Th Bang La街附近的一条狭窄小巷——Soi Eric，是不错的就餐地。

● 普吉岛美食一览

泰式椰汁鸡汤

　　泰式椰汁鸡汤是泰国的传统菜肴，已有数百年的历史。此菜以椰奶代水煮汤，在汤中放如南姜、香茅、芫荽、朝天椒、鱼露、青柠檬汁、砂糖等。汤煮沸后，再放入鸡块和已撕碎的柠檬叶即可。

热带水果

　　普吉岛拥有各种新鲜的热带水果，包括芒果、莲雾、夏威夷果、人参果、金心果、百香果、鳄梨、凤梨释迦、西番莲和大叶枣等，甜美清香，非常诱人。此外，普吉岛的一种叫"金枕头"榴莲品种很出名，很值得一尝。

Nam Prik Goong Siab

　　Nam Prik Goong Siab是普吉岛上一道极具特色的菜肴，有点类似于沙拉。它是将干咖喱和新鲜的虾米，再搭配普吉岛上出产的时令蔬菜制成，口味新鲜热辣。

糕点

　　普吉岛人喜欢用糯米、番瓜、豆类、地瓜等作为原材料烘制出各种不同口味的糕点，其中最受欢迎的糕点是炸椰子丸和枣椰丸，这两种点心一般都是用香蕉叶包起来，放在托盘里，色相很好，让人一看就想品尝。

● 普吉岛之海鲜

俗话说"到了普吉没吃海鲜就等于没到普吉"，可见普吉岛的海鲜是多么的美味。普吉岛上有各种新鲜的海鲜，如蟹、鱿鱼、龙虾、基围虾、生蚝、香螺、扇贝、圆贝、金枪鱼、八爪鱼等。这里的餐厅用泰式、中式或西式的方法来烹饪这些海鲜，在保证海鲜鲜美的同时，还能做出比较奇特的口味，深受游客的喜爱。如果想吃地道的普吉海鲜料理，可以去芭东海滩、普吉镇等餐馆集中的地方看看。

普吉的海鲜以大量的鱼、蟹、鱿鱼，尤其是安达曼海盛产的新鲜味美的对虾和大龙虾而闻名于世。普吉镇（Phuket Town）和普吉条件成熟的各沙滩上都有餐馆，其中尤以帕通海滩的餐饮业最为发达。

普吉岛还有一些独具地方特色的菜式，如：Nam Prik Goong Siab、Khanom Chin、Phuket's kaeng Luang、Tao So和腰果等，它们绝对不同于你在泰国尝到的其他泰菜，独特的味道绝对值得游客一试。每年阳历10月

（阴历九月）的普吉岛素食节和5月的海鲜时节，节日的气氛会化作你肠胃消化的力量，促使你和当地人一起享受那特别的节日美食。

孩子最喜欢的餐厅

普吉岛盛产海鲜，如果孩子吃不惯海鲜，可以带孩子去吃芒果糯米饭、菠萝炒饭，味道甜甜的，非常美味。或是前往中餐厅，回味家乡的口味，寻找那久违的美食。普吉岛还盛产各种热带水果，能品尝到新鲜甜美的鲜果，那些肯定都会受孩子的喜爱，赶快带孩子去吧。

● Ban Rimpa

Ban Rimpa位于芭东海滩上，是普吉岛上最有名的餐厅之一，曾多次被各大杂志选为"最佳泰国餐厅"。这里的地理位置极佳，在这里用餐可欣赏到芭东海滩的景色。这里主要提供泰国美食，味道很正宗。

■ 地址：223 Prabaramee Road, Kathu, Phuket 83150
■ 电话：076-340789
■ 网址：www.baanrimpa.com

● Patong Seafood Restaurant

这家餐厅同样位于芭东海滩上，是一家面朝大海、环境极佳的餐厅。在这里可以一边品尝着泰国美食，一边欣赏着大海美景。建议品尝各种咖喱菜品以及空心菜。

■ 地址：98/2 Thaweewong Rd. Patong, Phuket
■ 电话：076-340247

● The Natural Restaurant

这家餐厅位于普吉镇上，是一家非常富有特色的餐厅。餐厅四周和餐厅内有很多绿色的植物和花卉，环境很优雅。餐厅有室内餐厅和半露天餐厅，坐在半露天座位上就餐就像是在森林里用餐一样。餐厅内的餐桌也很有特色，全都用缝纫机改装而成。建议品尝一下Sweet and Sour Spicy Phuket Bean Salad，这道菜是该餐厅的招牌菜。

■ 地址：62/5 Phuthon, Talat Nuea, Mueang Phuket
■ 电话：076-224287
■ 营业时间：10:30～23:30
■ 网址：www.naturalrestaurantphuket.com

● Sunset Restaurant

Sunset Restaurant位于芭东海滩南部，开业于1978年，是一家老牌的泰国餐厅。这是一家露天餐厅，在餐厅内就可以欣赏到很好的风景。餐厅提供正宗的泰国美食，值得前去一试。

■ 地址：100 Bandon-Cherngtalay Rd.Choeng Thale，Phuket
■ 电话：076-396465

● 99海鲜饭店

99海鲜饭店（NO.99 Restaurant）位于芭东海滩的海鲜大排档一条街上，其老板是福建华裔，因此这里的海鲜美食比较符合国内游客的口味。在这里可以品尝一下烤生蚝、龙虾粥、咖喱蟹、菠萝炒饭、鱼翅等。

■ 地址：Patong Seafood Court, Rat-U-Thit Rd.Patong, Phuket

● Savoey Seafood Restaurant

Savoey Seafood Restaurant是普吉岛上最广为人知的海鲜餐厅，在曼谷还有分店。这里的热炒厨房为开放式，炒菜时锅里的火常常会吸引很多人。这里的菜单有图片，你可以看图片点菜，所以尽管不懂泰语也没关系。此外，这里还可以自己挑选海鲜，称重之后，餐厅会按照你的口味免费加工烹制。餐厅的海鲜均为明码标价。

■ 地址：136 Thawewong Rd.Patong, Phuket
■ 电话：076-341171-4
■ 网址：www.savoeyseafood.com

普吉岛其他餐厅推荐			
英文	地址	电话	营业时间
Baan Rim Pa	223 Kalim Beach Rd.Phuket	076-340789	12:00～23:00
Kaab Gluay	58/3 Phra Barami Rd.Phuket	076-340562	17:00～次日2:00
Sabai-Sabai	100/3 Soi Postoffice, Thaweewong Rd.Phuket	076-340222	7:00～22:00
Mee Tong Poe	214/7～8 Phuket Rd.Phuket	076-216293	10:00～18:00
Fuji	Ground Fl, The Port at Jung Ceylon, 181 Rat U-Thit 200 Pee Rd.Phuket	076-600056	11:00～22:00

和孩子住哪里

　　普吉岛是泰国旅游业非常发达的地区，因此住宿地非常多，从度假村、高档酒店到经济酒店、青年旅舍应有尽有。普吉岛的大多数游客都会选择到芭东海滩、卡伦海滩、卡塔海滩附近住宿，这3个地方住宿地多，而且交通方便，娱乐和购物设施也比较齐全。在海滩周围一般花费2000泰铢就能住上一般的海滩酒店。四星级和五星级的酒店费用4000~6000泰铢，到了旅游淡季可以享受40%~50%的折扣。这里经济型旅馆较少，多数在离海岸有点距离的地方，房费约300泰铢/间。如果住在普吉镇上，会比较安静，价格会低一点，但距离海滩太远。此外，普吉岛周边的各个岛屿上也有度假村或酒店。

● 芭东海滩酒店

　　芭东海滩酒店位于普吉岛市管辖范围内、交通方便，这家四星级酒店每年都会接待大量旅客。每间客房都可感受到芭东海滩酒店的独有风格。酒店配备的游泳池（儿童）、按摩浴缸、健身中心、室外游泳池、花园等娱乐设施必定会让你流连忘返。

■ 地址：124 Taweewongse Road, Patong Beach, Phuket
■ 参考价格：2557泰铢起
■ 电话：076-340301

● 芭东海滩91号公寓

　　芭东海滩91号公寓（91 Residence Patong Beach）提供优质的住宿，位于普吉岛的娱乐夜生活、购物中心、

海滩区，是商务和休闲的热门之选。不管你是健身爱好者还是只想在疲惫的一天后放松一下自己，该酒店的服务都是你的不二选择，例如潜水、垂钓、按摩、水疗。

■ 地址：43/98 Prabaramee Rd.Phuket
■ 参考价格：468泰铢起

● 班拉迈海滩度假村

　　班拉迈海滩度假村（Baan Laimai Beach Resort）位于普吉岛芭东海滩中心地带，闹中取静。酒店附近有众多的泰式餐厅、西式快餐店（如麦当劳和星巴克咖啡）、个性商店，入夜之后还有丰富多彩的夜生活。

■ 地址：66 Thavee-Wong Road, Phuket
■ 参考价格：2499泰铢

● 普吉岛可可维尔酒店

　　普吉岛可可维尔酒店（Cocoville Phuket）里充满了泰国风情，泰式的尖顶房屋和木制的装修风格，令人倍感舒

适。酒店庭院里有一个不错的泳池，湛蓝的池水如一颗钻石一样在绿树丛花之中闪耀。而这里最令人感到贴心的就是工作人员友好、热情的服务态度，以及美味的泰式、西式菜品。即使房价略贵，却也物有所值。

■ 地址：10/23-30 Soi Ta-iad, Mu 5, Chalong, Phuket Town

● 昂昂回忆酒店

昂昂回忆酒店（The Memory at On On Hotel）是普吉的第一家旅馆，是由老房子改造而成的酒店，建筑风格为有些葡萄牙与中国古典风的混搭，并保留了旧式的花砖、楼梯和木窗，房间也十分别致。酒店的公共空间很多，很适合游客休息、聊天。前台也很热情，可帮忙叫摩托车和出租车，比游客自己叫车要便宜。另外，这里还有网吧和旅行机构，并提供摩托车自行车出租，是一家性价比很高的酒店。此外，该酒店还曾在电影《海滩》中出现。

■ 地址：19 Phang-Nga Road/Talad Yai, Phuket Town

普吉岛其他住宿推荐			
名称	地址	电话	网址
The York-shire Hotel and SPA	169/16 Soi Sansabai, Rat-u-thit 200 Rd. Patong Beach	076-340904	www.yorkshireinn.com
Patong Princess Hotel	34/106 Prachanukroh Rd. Patong	076-364724	www.patongprincess.com
Islanda Hotel	162/98-100 Phung Muang Sai Gor Road, Patong, Phuket	087-3339900	www.islandaboutiqueh-otel.com
The Kris Residence	24/129 Sirirach Road, Phuket	076-621522	www.krisresidenceph-uket.com
Citin Plaza Patong Ph-uket	34/50-57 Prachanukhro Rd. Patong	076-358100	www.citinplazapatong.com
Blu Monkey Hostel Ph-uket	113/3 Soi Hongyok Utit Road, Talad Yai, Muang, Muang	084-6892755	www.blumonkeyphuket.com
Phuket Chaba Hotel	Kata Rd. Karon, Muang	076-330074	www.katachaba.com
Hostel Ph-uket	100/394 Srisuchart Gra-ndvill, Moo 5, Rassada Muang Phuket, Phuket Town	076-261562	www.phuket4travel.com
Pineapple Guesthouse	Patak Rd. Karon	076-396223	www.pineapplephuket.com
Sino Inn Phuket	Mae Luan Rd. Phuket	076-234423	www.sinoinnphuket.com

给孩子买什么

到泰国旅游，在超级购物中心和街头市场上总能买到一些新奇的物品，普吉岛也不例外。普吉岛特产主要有蜡染制品、锡器和腰果等。购物场所主要集中在普吉镇的大型百货公司和超市，这些商店在Th Ratsada、Th Yaowarat、Th Tilok-Uthit等几条主要马路上。此外，芭东海滩卡伦海滩、卡塔海滩也是不错的购物场所。

不可错过的购物地

普吉岛既有大型的购物中心，也有街头市场、小店等。在这里，你能买到泰丝、银制品、皮革等，除了这些，你还可以买一些新鲜的热带水果、水果干、干果等，其中最受欢迎的是芒果干、香蕉片、腰果等。

普吉镇的大型百货公司和超市主要集中在Ratsada、耀华路（Yaowarat Road）、Tilok-Uthit等几条主要马路上。

● 普吉岛中央百货

中央百货是普吉镇最大的百货商场，是集购物、餐饮、娱乐于一体的综合性商场。The Body Shop、Boots、屈臣氏、Levis等各大专卖店在这里都能找到，顶层还有一家电影院。此外，如果逛累了广场里还有超级专业的按摩店，价格也不贵。

- 地址：74-75 Moo 5 Vichitsongkram Rd., Amphur Muang, Phuket
- 交通：在普吉镇内，从镇内坐嘟嘟车约30泰铢
- 网址：www.centralfestivalphuket.com
- 开放时间：周一至周日：9:30~22:00
- 电话：76-291111

● 普吉岛贝壳

普吉岛贝壳是一家专门销售贝壳制品的专卖店，有风铃和室内灯等漂亮的装饰品。同时还开设有贝壳博物馆，藏品世界一流。

- 地址：Mueang Phuket District, Phuket
- 电话：076-381777

● 罗宾逊百货商场

　　这家商场在泰国有很多的连锁商场，是一家大型综合的购物商场。提供各种丰富的商品可供选购，如深受国人喜爱的华歌尔、李维斯等。

■ 地址：Th Tilok-Uthit, Phuket Town
■ 交通：普吉镇内，从镇内坐嘟嘟车约30泰铢

普吉岛其他购物地推荐			
店铺名称	简介	地址	营业时间
Central Festival Phuket	云集了很多国际品牌，如新秀丽、金佰利、欧莱雅、屈臣氏等。在购买时可以与店员商量，要求给一点折扣或赠品	74-75 Moo 5 Vichitsongkram Rd. Amphur Muang, Talat Yai, Phuket	11:00～22:00
江西冷购物中心（Jungceylon）	主要出售各种泰国品牌商品及国际品牌，如华歌尔等。商场的底层有一个很富有泰国风情的商场，主要出售泰国工艺品。这里的商品价格都比较便宜，折扣力度很大	181 Rat-u-thit 200 Pee Road, Patong, Kathu,Kratu Phuket	5～10月11:00～22:00，11月至次年4月11:00～23:00
芭东海洋广场（Ocean Plaza）	商场有食品、日用百货、体育用品、服装、医药用品等，货品齐全。在这里买药妆、Adidas、Nike的T恤比较便宜	芭东海滩	10:00～22:00
Premium Outlet Phuket	云集了世界各地的名牌产品，折扣力度大，但折扣商品不多	888 Moo 8 Thepkasattri Koh Kaew, Muang, Phuket	10:00～21:00
Big C	食物、日用百货、服装等都比较便宜。在这里还能买到一些小商品和当地的土特产	72 Moo 5, Vichit, Muang, Phuket	9:30～22:00

在普吉岛的出行

普吉岛上的交通工具多集中在普吉镇上，那里有发往各个海滩和岛屿的公交车、双条车、长尾船等。此外，普吉岛上还有嘟嘟车、摩托车等交通工具，如果喜欢自由一点的游客，可以租一辆摩托车进行游览。

最好的学习在路上　带孩子游泰国

长途汽车

普吉长途汽车站（Phuket Bus Terminal）位于普吉镇的攀牙路（Phang-Nga Rd.）上，这里有开往曼谷、合艾、甲米、攀牙、清迈、芭堤雅等地的长途汽车。其中从曼谷到普吉岛，可以在南部长途汽车站乘车，行程约12小时，每天有很多班次。

公交车

20～50泰铢，视远近程度而定。从普吉镇开往各个海滩的主要交通工具，每隔半小时一班，随叫随停；有绿色和蓝色两种车，绿色的是空调车，运行时间为7:00～18:00。

租车

1000～3000泰铢/天，拿着中国驾照、中国驾照翻译件及公证件、护照等文件到普吉镇上的租车公司（如Budget、Avis等）租车，用车前先看好油量，归还时还需按原油量返还。不过在普吉岛包车也是比较方便的，价格在3000泰铢左右。

双条车

价格在10～50泰铢/人，根据距离长短而定。没有固定的站点，随叫随停，大约每半小时一趟，运营时间到18:00。

嘟嘟车

到南部各海滩约300～600泰铢，这种车比较小，价格便宜，但一般开价都比较高，一定要砍价。

出租车

出租车比较少，而且车也比较小，没有计价器，乘车前需讲好价格。从普吉机场到芭东海滩需要400～500泰铢。

摩托车

普吉镇上有许多租摩托的车行，用车前先看好油量，归还时还需按原油量返还。约200泰铢/天。

如何在普吉岛跟团游

在普吉岛怎样报团

报团涉及在国内报团和到了目的地报团这2种方式。在本书PART1的出行方式里面，已经介绍了在国内报团的方式和注意事项。这里详细介绍在清迈如何报旅行团。报团前先了解当地有哪些可靠旅行社供选择。

● 普吉岛的旅行社

普吉岛的大部分著名景点距离很近，看着路标和特色标志就能找到。建议父母在当地的信息中心报团，这样价格就比较好控制，最主要的是时间也不会很赶。

普吉岛知名的地接社

对于带孩子境外游的游客来说，初到一个陌生的城市，肯定有很多不适。如果在境内报团，在当地有直接的接待社对于父母来说肯定很有必要。这样既节省了时间又非常方便，下面简单介绍几家普吉岛当地的地接社，供前往普吉岛的游客参考。

普吉岛知名的地接社			
中文名称	英文名称	地址	电话
普吉全球旅运	Classic Express CO.,LTD.	74/233 Poonphlon Rd.Mueng, Phuket	076-224525
安顺旅行社	Cnr TravelL TD.,Part.	75/41Phuket garden view Village,Thepkasudtee Rd., Phuket	076-254145
情定苏梅	Golden Taipei Tour.	1/23 Visaed Rd.Meung Phuket	076-281413
普吉康吉旅运	Kanji Express CO.,LTD.	52/99 Phuket Villa 2 Moo 2Chojfa Rd. Meung, Phuket	076-263225
普成旅行社	Phuket Way Holiday	63/267 Soi 5/1 Wirudhongyok Rd. Meung,Phuket	076-248802

普吉岛周边
自驾游

普吉岛及周边自驾路线

普吉岛的风景优美，尤其是沿着海边的小路。但是普吉岛的道路不适合新手自驾游，如果有多年驾龄，可以考虑。泰国都是靠左行驶的，车子都是右舵车，一下子上手会不太适应，因此发动前需要先看看开关和拨挡都在哪里，脑子里想清楚左右的区别，然后再上路。此外，不管是新手还是熟手，尽量不要走夜路，尤其是走山路，因为山路几乎是一个弯接着一个弯，而且有很多急弯，在晚上又没有灯光，只能靠车灯来照明，对面有车过来就会惊险万分。

国家海洋公园
Marine National Park
Operation Center

两地约20.1千米，
耗油约62泰铢，
用时约24分钟

Phuket
International Airport
普吉国际机场

斯里纳斯国家公园
Sirinat Marine
National Park

两地约15千米，
耗油约46泰铢，
用时约21分钟

两地约13.3千米，
耗油约41泰铢，
用时约23分钟

野生动物保护区
Thaeo Wildlife
Sanctuary

帕通寺
Wat Phra Thong

拉古娜海滩
Laguna Beach

女英雄纪念碑
Heroines Monument

普吉岛

卡马拉海滩
Kamala Beach

Maprao Island

两地约12千米，
耗油约38泰铢，
用时约22分钟

普吉镇
Phuket

普吉岛及周边自驾路线示意图

普吉岛自驾体验

在普吉镇、芭东海滩等地有很多如Avis、Hertz、Viva等连锁租车公司。此外，也有很多本地代理经营的租车公司。拿着中国驾照、护照、驾照翻译件、公证件等文件前往这些租车公司，只需抵押护照即可办理租车，如不想抵押护照也可协商缴纳押金来办理，通常押金为5000～1000泰铢。

租车费用根据车型和车况约在3000泰铢左右，GPS或儿童座椅等附加设备需额外付费，取车时要检查好车况并核对车辆保险。费用通常不含汽油，还车时要把油加至取车时的油量。

如果对开车的技术不是很自信，又想方便游玩，在普吉岛上包车游玩也是不错的选择。包车费用约在3000泰铢左右，含司机和油费，通常每天以8小时计算。包车时要和司机协商好所去景点以及所需费用等问题，以避免不必要的麻烦。

⭐ 普吉岛省钱大比拼

对孩子优惠的景点

景点名称	孩子玩点	优惠信息	地址
普吉镇	欣赏中式古老建筑	200泰铢	28 Krabi Rd.,Phuket
芭东海滩	玩香蕉船、游艇、帆板、晒日光浴	免费	普吉岛西南方，距离普吉镇15千米
幻多奇乐园	看魔术、马戏表演、精彩的舞台剧	儿童1700泰铢	99 Moo 3, Kamala Beach, Phuket
神仙半岛	看猴子表演、骑大象、欣赏日落美景	免费	普吉最南端的蓬贴海角
皇帝岛	踩沙滩、浮潜看鱼和珊瑚等	免费	普吉最南端的蓬贴海角
卡伦海滩	浮潜、享受美食、看艺术作品	免费	紧邻芭东海滩，距普吉镇20千米
卡塔海滩	浮潜、享受美食、看艺术作品	免费	距离市区17千米，距离查龙地区6千米
珊瑚岛	漫步海底世界、骑乘大象、潜水	免费	Ko He, Rawai, Phuket
攀牙湾	欣赏美丽的钟乳石	200泰铢	普吉岛东北75千米处
皮皮岛	看钟乳石、洞壁等	免费	普吉岛东南约48千米处
苏林海滩	看日落、看浪花朵朵	免费	Surin Beach, Phuket
拉崴海滩	沙滩玩耍、美食	免费	Tambon Rawai,Amphoe Mueang Phuket
热带风暴水上乐园	乐园、滑梯	免费	683 Patak Road,Karon Beach,Amphur Muang, Phuket

最好的学习在路上

带孩子游泰国

PART6

带孩子游甲米

197 ▶ 217

甲米位于泰国南部，是一个有如天堂的热带岛屿。这里有洁白柔软的细纱，温暖清澈的海水，随风摇曳的棕榈树，潺流不绝的瀑布，随处穿梭的野生动物，诗情画意，美不胜收。甲米还以众多的国家公园、丰富的植被和动物种群闻名遐迩。

带孩子怎么去

优选直达航班

目前乘坐飞机从中国能直达泰国甲米的城市主要是上海和广州，带孩子的游客可以参考下面的信息，选择相应的航班。表格中的出发时间以北京时间为准，到达时间是泰国当地时间。

从中国到甲米，承运直达航班的航空公司主要是上海航空公司、吉祥航空和泰国亚洲航空，这几家公司提供中文服务，适合于带着孩子、首次出境游玩的游客。

中国到甲米的直达航班资讯						
承运公司	航班号	班次	路线	出发时间	到达时间	实际北京时间
上海航空公司	FM9769	每周一、二、三、四、五、六有	上海（浦东国际机场）→甲米	17:25	00:20	01:20
吉祥航空	HO1329	每天都有	上海（浦东国家机场）→甲米	19:45	23:55	00:55
泰国亚洲航空	FD416	每周二、三、四、五、六有	广州（新白云国际机场）→甲米	02:20	04:50	05:50

从机场到甲米

甲米市区就只有一个甲米机场，有从曼谷和合艾、新加坡以及马来西亚的吉隆坡等地直飞甲米的航班。从甲米的机场到海边的度假区只要30分钟的车程。从机场出来，有150泰铢/人的机场穿梭巴士，先后经过甲米镇和奥南海滩，终点站是诺帕拉塔拉海滩。上车前司机会记下你的酒店，然后一路把所有的乘客送到入住酒店门口。从机场打的至甲米镇约300泰铢，至奥南海滩约400泰铢。

亲子行程百搭

甲米及周边百搭

甲米有着众多优美的自然风光，一家人在这里可以游玩一两天时间，想要休闲点的可以按照公园路线游玩，喜欢刺激点的可以按照海滩路线游览，更可以将这些路线自由搭配。

丹波寇罗尼国家公园
Than Bok Kharani
National Park ①

高番本查国家公园
Khao Phanom Bencha
National Park ②

虎穴庙
Tiger Cave
Temple ①

沙碟穴
Tham Sadet ②

甲米沙发里乐园
Island Safali Krabi

诺帕拉塔拉海滩
Hat Noppharat Beach ④

甲米镇
Krabi Town

③
③

奥南海滩
Ao Nang Beach

甲米及周边百搭路线示意图

公园之旅
乘出租车或是自驾车前往

① 丹波寇罗尼国家公园　5 小时
Than Bok Kharani National Park

向西北方向前往4039号公路，向左转，继续沿1016号公路前行，全程47千米，耗时58分钟

② 高番本查国家公园　3 小时
Khao Phanom Bencha National Park

继续沿4034号公路行驶，开往南奥，全程33.4千米，耗时58分钟

③ 甲米沙发里乐园　4 小时
Island Safali Krabi

海滩之旅
乘出租车或是自驾车前往

① 虎穴庙　1 小时
Tiger Cave Temple

建议乘坐包租的嘟嘟车；当然如果报了旅行社，会有专门接送的服务

② 沙碟穴　2 小时
Tham Sadet

沿着4号公路行驶，开往赛泰国。继续沿着4034号公路行驶，向左转即到

③ 奥南海滩　2 小时
Ao Nang Beach

向西北方向，前往4203号公路，向右转，进入4203号公路即可到

④ 诺帕拉塔拉海滩　1 小时
Hat Noppharat Beach

亮点

1. 奥南海滩：*海滩玩耍、拍照*
2. 翡翠湖：*游泳、欣赏湖水*
3. 诺帕拉塔拉海滩：*海滩玩耍*
4. 蓝塔群岛国家公园：*乘坐皮划艇游览*
5. 沙碟穴：*看石洞、岩石等*
6. 甲米沙发里乐园：*观看各种表演*

甲米岛

甲米岛（Krabi Island）位于泰国南部，与普吉岛隔海相望。甲米本身拥有众多离岛，有温暖而干净的沙滩，还有远离世俗的慢节奏生活。这里的沙滩各具风情，每一片沙滩不会互相打扰，安静地分享同一片海景。甲米的海并不是一望无际的，时常可以看到眼前大大小小的岛屿，小岛附近的海水呈绿色，然后依次是浅蓝色、水蓝色、深蓝色，逐渐递进。

> **适合孩子年龄：8～12岁**
> **游玩重点：玩皮划艇、泡温泉、潜水、看瀑布、看野生动物等**

爸妈可以和孩子轻轻地踩着洁白细沙、在清澈见底的海水中尽情嬉戏着，或看着棕榈树随风摇曳的自然美景，也可欣赏瀑布潺流不绝的动人时刻。这一切，通过最为质朴的原生态美景，让孩子第一手接触到自然的博大和秀美。也可以和孩子看那巨大的喀斯特岩石从翠绿色的海水中陡然升起的极致景观。

石灰石

这里的海景以其随处可见的石灰石山而著名。因为熔岩，山冒出海面，形成一座座形状各异的小岛。这些小岛大多是无名，而且大多比较幽静，就

亲子旅行资讯

✉ 泰国南部的海岸，与著名的度假胜地普吉岛相距80千米左右

🚌 可从曼谷素万那普国际机场乘飞机到甲米机场，也可以在曼谷南部长途汽车站乘长途汽车到甲米，或从普吉岛、苏梅岛、皮皮岛乘轮船到甲米，普吉岛有到甲米的长途汽车，中国也有到达甲米的直达航班

那么随意地，好像被一只"看不见的手"无秩序地摆置在碧绿的海面上，令人神往。也正因如此，比起其他海岛，甲米的幽山静水，更多了几分自然清新的美。

泡温泉

如果孩子喜欢泡野温泉，那么来甲米一定不错。这里的温泉位于山间十分隐秘的地方，像蘑菇云一样不规则地分为上下3层，温泉水温在40℃左右，泡起来感觉十分舒服。和孩子泡完温泉，可以山脚下村子中的小吃摊上要两碗地道的冬阴功汤米粉，感觉很不错。

潜水

除了这些，甲米还有更多值得体验的游玩项目，如可以和孩子一起观看一场精彩而难忘的泰拳表演，或者做个泰式按摩，都非常不错。当然，除此之外，感受甲米岛较为原始纯朴的民风、品尝这里正宗的泰式美食同样也非常棒。

如果孩子有潜水的经验，不妨尝试一下，这里的水质条件非常适合潜水，可以和各种各样颜色的漂亮小鱼打招呼，会让孩子玩得很开心。如果还有更多的时间和精力，租上一条皮艇船，便可以在美丽的山石之间畅快游走了。此外，也别忘记出发前带上一些香蕉，因为在游玩时说不定什么时候会有调皮可爱的小猴子忽然跳出来，这个时候，便可以尝试用香蕉喂喂它。

甲米镇

甲米镇（Krabi Town）位于甲米河的入海口处，镇中最重要的景点为Khao Khanap Nan，这是水面中突起的小小岩峰，上面有神奇岩洞。电影《瑞士家庭鲁滨孙》就在这里取景，这个岩洞是电影中鲁滨孙的家。在洞一侧的木板阶梯是专门为拍电影而搭的入口，而真正的洞口隐藏在另一侧。Khao Khanap Nan是两座石灰岩山中的一座，就在市中心以北。那里的洞穴中曾发现很多人类遗骨，据猜测那是古代一场洪灾中被困于此的人的骸骨。

镇上最吸引人的是那种休闲的气氛，爸妈可以和孩子一起来到安宁而美丽的甲米河前驻足，这条河流穿过小镇，河里有大片红树林，里面生活着很多猴子和野生动物。河上有渔场，养着很多古灵精怪的鱼，它们无时无刻不在吸引着前来这里的人们。来到甲米镇，当然更可以尽情地体验一下当地人的异域风情。当地的红绿灯特别有特色，灯柱上是一些非常有意思的雕塑。

适合孩子年龄：6～12岁
游玩重点：看岩洞、电影取景地、野生动物、红树林

亲子旅行资讯

✉ Krabi Town, Krabi

🚗 从甲米机场出来，有机场穿梭巴士，到甲米镇约15分钟，费用300泰铢

💰 免费

🕐 全天开放

奥南海滩

奥南海滩（Ao Nang Beach）距离甲米镇约20千米，是甲米最热闹、最有名的海滩，这里生活设施便利，出行方便，大部分来甲米旅游的人都会聚集在此。海滩濒海而立，有百余间优雅又舒适的茅顶小舍错落有致地分布在椰林树荫下，脚下的沙滩延伸到非常著名的石灰石山脉的山脚下。沙滩尽头是座山崖，山上都是郁郁葱葱的原始森林，景色十分秀美。

到了晚上，临街的灯光照亮了人行道，露天餐馆会提供很不错的场地，供人们聊天、喝啤酒、观看街头来往的人群。在奥南和诺帕拉塔拉海滩之间的Liab Chai Haad路转弯处的码头附近还有几家餐馆，那里的气氛更加浪漫，价格也比莱雷海滩便宜，但总体比甲米镇要稍贵一些。奥南海滩每天早上8、9点就会呈现一番熙熙攘攘的景象，会有很多度假村前的海边聚集了大大小小的船艇，运载人们到附近各海滩、岛屿。

亲子旅行资讯

✉ Ao Nang Beach，Krabi
💲 免费
📅 全天开放

虎穴庙

虎穴庙（Tiger Cave Temple）是距甲米镇不远处的寺庙，传说从前这里盘踞着一只老虎，如神仙般保护在这里修行的苦行僧，因而被称为虎穴庙。庙中汇集了许多历史古迹，曾有石器、陶器碎片和佛祖脚印等古文物在此出土。

如果愿意和孩子前来进行一次登山体验，不妨尝试攀登一下这里一座不太高的小山，小山有些陡，爬到山顶后可远望整座甲米镇和远处错落有致的石灰石山。由于寺庙附近还有一个便利的商店，如果想和孩子买点什么东西也是非常方便的。

亲子旅行资讯

✉ Nähe Bundesstraße 4, In Richtung Trang, Ciudad Krabi
💲 免费
📅 全天开放
☎ 075-611805

红岛

红岛（Hong Islands）位于甲米以北，从岛的北侧有一道缺口，乘船进入发现里面别有洞天，有一座被树林茂密的石灰岩山包围的内湾，就像一间天然的房间，红树林散布在四周水边，海水波平浪缓，不论搭乘游艇、长尾船或是独木舟前往，都能感受到一种与世隔绝的静谧气氛。红岛的西边还有一座浅滩海湾，沙滩柔细洁白，漫步或躺下都极为舒适，而海水更是清澈，来到这里，小孩子可以和爸妈一起参加戏水、浮潜，或者划独木舟等水上活动，都将让人深感畅快。

适合孩子年龄：6～12岁
游玩重点：潜水、活海水上等

亲子旅行资讯

- Ko Hong, Than Bok Khorani National Park
- 免费
- 全天开放

神奇四岛

甲米的神奇四岛别有洞天，吸引了无数人前来游玩，这四个岛分别为：塔岛、莫岛、鸡岛和波达岛。

适合孩子年龄：6～12岁
游玩重点：看珊瑚礁、岛上的猴子，浮潜

塔岛

塔岛（Tub Island）的海水颜色有3个层次，由深变浅，又由浅变深。塔岛由塔岛和莫岛两个岛组成，每到月中退潮的时候，两个岛之间会露出一条沙滩路，一直延伸到达对面的岛上，这就是著名的安达曼海上之泰奇观，吸引了大批观光客前来。

亲子旅行资讯

- Ao-nang, Krabi
- 免费
- 全天开放

鸡岛

鸡岛（Chicken Island）周围的海水温暖而又清澈，鱼很多，小孩子来到这里一定会很喜欢，在这里还可以看到海沟，很适合浮潜。鸡岛是奥南附近海域中面积最大的一个小岛，大自然的鬼斧神工，将这座岛屿打造成为一座鸡的形状。

波达岛

波达岛（Poda Island）岛上有优美的白沙滩、湛蓝的海水和浅水珊瑚礁，小岛的形状像斧头或鸡头。在海滩上偶尔会有猴子光顾，当地人常拿食物喂它们。

翡翠湖

由于这里的湖水呈漂亮的翡翠色，清澈见底，可以清晰地看到水底纵横交错的枯木，湖心不断翻滚涌出浑浊浪花，湖水的颜色还会根据不同的光线以及不同时发生变化，因为翡翠湖又被很多前来游玩的人们亲切地称为"泰国的小九寨沟"。翡翠湖面对人们开放，因此很多人都带上泳衣泳裤来到这里畅游，其中也不乏很多小孩子。

适合孩子年龄：6～12岁
游玩重点：游泳、欣赏湖水

亲子旅行资讯

✉ Kok Thai Sub-district.Sri Mahosot District About 23 kms From City Center, Krabi Town

$ Baht for Khao Phra Bang Khram 自然保护区和Emerald Pool联票：20泰铢

🕐 全天开放

潮爸辣妈提示

在湖内游泳戏水的时候，无论是爸妈还是小孩子都别忘了小心松软湿滑的地面，以免发生危险。

诺帕拉塔拉海滩

诺帕拉塔拉海滩（Hat Noppharat Beach）以前被当地村民称为"空海海滩"，主要是因为从山上流下的溪流在退潮时极易干涸，继而形成了干涸沙滩，一直延伸到海中，并和考巴空岛（Kao Phak Hlong）接壤。沿着海滩往北漫步，会看到一个小型的旅游中心，里面展示一些珊瑚礁和红树林的生态环境，标签有泰文和英文标准。以常绿乔木为背景的诺帕拉塔拉海滩景色变化多端，石灰石形成的海岸以及四千万年前的贝壳化石随处可见。爸妈可以在海滩上和孩子一起席地而坐吃着带来的美食，或在沙滩上玩耍，都非常惬意。

适合孩子年龄：6～12岁
游玩重点：沙滩玩耍

亲子旅行资讯

✉ 甲米镇以西约18千米处

$ 免费

🕐 6:00～18:00

丹波寇罗尼国家公园

丹波寇罗尼国家公园（Than Bok Kharani National Park）位于路克湾小镇附近。公园中的岛屿、红树林、和石灰岩洞让这里充满了大自然的魅力。在葱郁的热带森林中，青翠的山峦与碎石铺成的小径在崖下蜿蜒，从洞穴流泻

适合孩子年龄： 6～12岁
游玩重点： 看红树林、洞穴、壁画等

出翡翠般绿色的小溪贯穿整座公园，静谧怡人。这里保存有大面积的岛屿、红树林和石灰石洞穴。公园里至少有7处洞穴，其中最重要的是Tham Pee Hua Toe，因洞穴里曾发现过一个巨大的人类头骨而闻名，洞穴的墙壁上还有历史悠久的壁画。另外，公园本身还是很多电影取景拍摄地呢。

亲子旅行资讯

- ✉ 路克湾小镇附近
- 🚌 从路克湾小镇以南7千米处的Ban Bho Tho码头乘坐长尾船或者海上皮划艇都可以达到Tham Pee Hua Toe洞穴
- 💲 100泰铢起，成人200泰铢，14岁以下儿童100泰铢
- 🕗 8:00～20:00

蓝塔群岛国家公园

蓝塔群岛国家公园（Mo Koh Lanta National Park）位于甲米府最南端，公园保护着蓝塔岛的15个岛屿，有许多著名景点，包括著名的大蓝塔岛，还有可以看到许多燕子筑巢的搭凉棚岛、哈群岛、乃岛、洛内岛、洛诺岛等。

适合孩子年龄： 6～12岁
游玩重点： 看石灰石洞穴、珊瑚礁、坐皮划艇

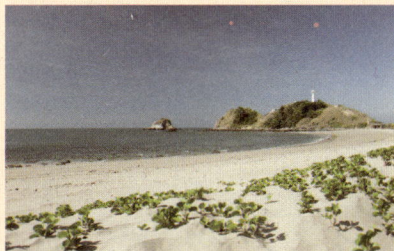

在公园的西部海岸，Ko Rok Nok非常漂亮，有背靠着悬崖峭壁月牙形的海湾，还有美丽的珊瑚礁和闪烁的白沙滩。在大蓝塔岛东面的Ko Talabeng上有一些引人注目的石灰石洞穴，爸妈可以带孩子一起乘坐皮划艇参观。只要有国家公园的门票，便可游览这些岛屿。

亲子旅行资讯

- ✉ Ko Lanta District, Krabi
- 💲 成人200泰铢，14岁以下儿童100泰铢
- 🕗 8:00～20:00
- ☎ 075-660712

帕侬宾札国家公园

　　帕侬宾札国家公园（Khao Phanom Bencha National Park）距离甲米镇约20千米，在海拔千余米的Phanom Bencha山脊上，这里保留有很大一片原始雨林，横跨帕侬山、市区和凹路3个区域。公园是典型的森林区，溪流、瀑布和丰富的动植物群落构成了奇特的景观。公园的大部分地带为茂密的森林和陡峭的山坡，较有名的观光点有蜜蜂洞（Tham Kao Pueng）、沙嗲瀑布（Nam Tok Huay Saday）、空行瀑布（Nam Tok Klong Hang）等。走向公

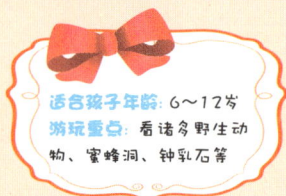

适合孩子年龄：6～12岁
游玩重点：看诸多野生动物、蜜蜂洞、钟乳石等

亲子旅行资讯

✉ Mu 4,Tumbon Thap Prik, Amphoe Mueang, Krabi Town
💲 成人200泰铢，14岁以下儿童100泰铢
🕐 8:00～20:00
☎ 075-660716

园深处，在Tham Pheung，和孩子还会看到许多闪着微光的矿物钟乳石和石笋。

　　公园本身还是一个野生动物的天堂，不仅有云豹、黑豹、亚洲黑熊、长臂猿等动物在此繁衍生息，还聚集着盔犀鸟、百眼雉等各种热带鸟类，运气好的话，甚至可以一窥几近绝种的泰国八色鸫的身影。

沙碟穴

　　沙碟穴（Tham Sadet）曾经由泰皇拉玛五世御驾游览过，因此被当地村民誉为"天子之穴"。由于季风季节时期的倾盆大雨不断敲打洞穴岩石，在经过数百年风雨的侵蚀后，岩石的缝隙逐渐演变成森林洞穴和地道。有的石洞有教堂那么大，钟乳石和石笋倒挂在洞顶，要在手和膝盖的配合下才能勉强穿过狭窄的石道。但是这里无论是奇形怪状的石头、还是晶莹剔透的水池，都能让人内心感到震撼。

适合孩子年龄：6～12岁
游玩重点：看石洞、岩石等

亲子旅行资讯

✉ 甲米镇北面8千米处
🚗 建议乘坐包租的嘟嘟车；当然如果报了旅行团，会有专门接送的服务
💲 免费

甲米沙发里乐园

甲米沙发里乐园（Island Safali Krabi）提供屡获奖项的冒险活动以及大象徒步活动。"沙发里"以还原泰国乡村生活为概念，不仅可以让你领略岛上及周边的秀丽风景，更可以让你了解泰国南部的风土原貌。这是来到泰国不可错过的一个必游景点，你可以骑在大象背上穿越茂密的热带雨林，欣赏沿路的风景，还可以观赏精彩的大象表演，无论是哪种游乐项目，都将让你和孩子玩到尽兴。

适合孩子年龄：6～12岁
游玩重点：观看精彩表演

亲子旅行资讯

✉ 243/2 Moo.2 T.Ao Nang A.Meung Krabi 81000
💰 免费
🕐 8:00～18:00

甲米其他景点推荐		
中文名称	**英文名称**	**地址**
莱雷海滩	Railay Beach	Railay Beach , Krabi
甲米夜市	Krabi Night Market	Soi 8, Maharat Road, Krabi Town, Amphur Muang
石灰石山	Khao Khanap Nam	甲米市中心以北
珍岛和斯波亚岛	Ko Jam & Ko Si Boya	蓝塔岛的北部
蓝塔岛	Ko Lanta	Ko Lanta,Krabi
空统温泉瀑布	klong thom waterfall	Khlong Thom Nuea, Khlong Thom District, Krabi
考帕邦刊自然保护区	Khao Phra Bang Khram Nature Reserve	Kok Thai Sub-district.Sri Mahosot District, Krabi Town
塔兰	Thalane	Khao Thong subdistrict, Krabi Town, Thailand
罗萨玛湾	Loh Samah Bay	Loh Samah Bay, Phi Phi Le, Krabi
大螃蟹雕像	The Crabs Sculpture	Krabi Town, Krabi
一线天沙滩	Talay Reck	Koh Tup, Krabi
水果园	Fruit Garden	Moo 4 Takuatoong Pangnga
翠峰雨林	Bor Thor	Ban Bor Thor Tambon Aoluk Tai Aoluk Krabi

跟孩子吃什么

在甲米，可以吃到美味的甲米当地特色美食，你可以带孩子去吃水果飞饼，它用各种热带水果汁做成，口感丰实，味道微甜；也可以带孩子去吃咖喱鱼，这种面在注重食材的均衡搭配的基础上，还保留了当地的原创味道，在寒冷的冬天吃会感受到切实的温暖；或者带孩子去吃菠萝饭，味道很鲜美。

甲米的特色美食

甲米的饮食除了泰国风味之外，还具有当地独有的特色小吃，如甲米的水果飞饼，有各种口味，其中菠萝飞饼最好吃，味道最好；还有泰式酸辣汤，又酸又辣，加入青柠檬，会散发出淡淡的清香。还等什么，赶快带孩子来这里品尝一番吧！

● 泰南咖喱鱼

相比泰国其他地方，甲米的咖喱鱼更辣些，不能吃辣的朋友需要提前和服务员说明。泰南咖喱鱼以新鲜的鱼为原料，加上干辣椒、大蒜、红葱和姜等辛香佐料后，用芭蕉叶裹起后蒸熟食用，味道鲜美劲辣。

● 水果飞饼

在甲米的特色小吃中，各种水果飞饼很美味，大多数人们都喜欢菠萝飞饼，还有喜欢榴莲口味的，味道也不错。水果飞饼路边小摊子上就有卖的，是一种很大众的食物。

● 绿咖喱椰汁鸡

绿咖喱没有黄咖喱那么辣，反而有点柠檬的清香，芳香惹味、精致细腻的青咖喱，加上酱汁浓郁香滑的椰汁，鸡肉清淡幼嫩，三者配合得天衣无缝。品尝起来，味道香醇可口，浓郁诱人。

● 泰式酸辣汤

泰式酸辣汤算得上泰国菜中的代表了，既酸又甜而且辣，是它最大的特色，有泰国浓郁的风味。尤其是里面还加了青柠檬，味道很清香。不过这汤还有一种，素食人群所喝的汤里不加鱼露，不过风味依旧。

孩子最喜欢的餐厅

在甲米的奥南海滩，有很多可以吃新鲜海鲜的大排档，每一家的口味和价格都差不多，不一定人多的那家就特别好吃，而且每家上菜都不慢，所以选择起来比较容易。选家相对人少的，找个靠窗的位置，看着大海吃海鲜是非常惬意的。

● Ao Nang Cusine

Ao Nang Cusine自称是奥南海滩第一家餐厅，这里的泰式冬粉拌炒蔬菜和鸡肉只要80泰铢，既美味又能满足人们的胃口。冬阴功汤和泰南咖喱鱼等著名泰国菜这里也做得不错，而且价格实惠，现调的鸡尾酒也只要110泰铢起。

> ■ 地址：位于奥南海滩最热闹的街道上

● Bella Vista

Bella Vista是位于Seafood巷内的一家意大利炭烤比萨店，主厨来自意大利，烤比萨的砖炉就架在餐厅门口，制作过程一目了然。这家店以薄皮比萨为主，其中海鲜口味最受欢迎，原料都是当天在市场购买的。餐厅露天座位就设置在沙滩上，有徐徐海风和醉人夕阳佐餐，很是惬意。

> ■ 人均消费：薄皮比萨的价格为150～250泰铢
> ■ 营业时间：11:00～23:00

● Ruan Mai

Ruan Mai是甲米镇上较有规模的餐厅，是家崇尚自然的餐厅，在绿荫环绕的庭院中摆上餐桌，顾客们甚至可以选择在凉亭里顶着摇摆的绿色植物就餐。餐厅提供地道的泰南菜肴，味道偏辣。其中酸辣鱼汤（Keang Som Pla）是这里的招牌菜，就算喝的汗水

直流，也让人忍不住想再要一碗。臭豆炒虾仁是另一道入口就停不了的招牌菜。

> ■ 地址：位于甲米镇Maharaj路
> ■ 人均消费：每道菜的价格在80泰铢左右
> ■ 营业时间：10:00～22:00

● Lachaba鱼丸王

Lachaba鱼丸王是一家很小的木板门面店，但是每天光顾的客人络绎不绝。店主是华人后裔，用当地捕获的新鲜鱼肉制成的鱼丸、鱼片和汤面（Keaw-Teow Pla），因为用料新鲜，鱼肉的鲜甜味充分融入汤汁，而味道非常鲜美。这里的泰南冰咖啡也不容错过，不但有麦香，还相当解渴。鱼丸25泰铢一碗。

> ■ 地址：位于甲米镇Shukon路
> ■ 营业时间：6:00～21:00

● Grand PP Arcade

这家餐厅非常受当地人和游客的喜爱，食材新鲜、服务优良，年轻人大多喜欢这里的巨大沙冰、草莓和香蕉果肉奶昔，而其泰式美食也往往会让人吃完念念不忘，这里有很多回头客和回头客带来的客人。

■ 地址：Phuket-Phi Phi Don Island Ferry, Mueang
■ 交通：登上大皮皮岛码头（大皮皮岛目前只有一个码头）后，向东北方向步行约400米即到
■ 人均消费：60～120泰铢
■ 营业时间：7:00～22:00
■ 电话：080-5382608

● Khaothong Terrace

这里的店员相当热情，尽管地理位置有点偏僻，但是很值得前来品尝。另外，环境也很不错，放眼望去，到处郁郁葱葱的，搭配着蓝天白云海风，将会是一次很好的饮食体验。推荐这时的甲米烤鸡腿、水果飞饼、泰南咖喱鱼。

■ 地址：Moo 5 Krabi Mueang Krabi District
■ 电话：083-1074400

甲米其他餐厅推荐		
英文	地址	电话
Lae Lay Grill	89 Moo 3, Ao Nang, Krabi	075-661588
Frog and Catfish	Frog and Catfish76 Moo6, Baan Din Daeng Noi, Tambon Nong TalayAmphur MuangKrabi	075-644436
Anna's Restaurant	Anna's RestaurantAo Nang, Mueang Krabi District	—
Sala Bua & Lo Spuntino	120 Moo 2, Ao Nang Beach, Krabi	075-637110

和孩子住哪里

这里风景优美，很多宾馆或者旅店，都提供带有阳台、能观海景的客房。由于现在这里越来越受世界各地游客的欢迎，所以如果要到这里旅游的话，一定要预订住宿。

在甲米住宿

在甲米沙滩上遍布着各式各样高中低档酒店，总体价格比普吉岛便宜。游客住宿主要集中在奥南海滩和相对安静的诺帕拉塔拉海滩。甲米岛上的卫浴公用的旅馆，房费150～300泰铢，独立卫浴的客房在300泰铢以上，若带有热水淋浴设施则在350泰铢以上，1000泰铢可住豪华酒店。背包客可选择到便宜的小旅馆中留宿。

● Lada Krabi Residence

该酒店提供带免费无线网络连接的现代化空调客房，客房铺有瓷砖地板，配有平面有线电视、冰箱和电话等设施。为方便客人，酒店前台提供行李储存处和保险箱。此外，酒店还可应要求提供班车服务。

■ 地址：90/71-72 Maharad Rd.Paknam, Muang, Krabi
■ 电话：075-611457

● Palmari Boutique Hotel

该酒店距离Nuaklong Walking Street步行街只有5分钟的步行路程。顾客可以在这里享受舒缓的按摩服务放松身心。每间客房都很宽敞且配有空调，提供平面卫星电视、电热水壶和国际直拨电话。此外，客人还可以在酒店餐厅内品尝各式各样的泰国和国际美食。

■ 地址：285/3 Moo.2, Phetkasem Rd.Tambol Nuea Klong, Ampher Nuea Klong, Krabi
■ 电话：089-9883203

● B-trio Guesthouse

该旅馆坐落在甲米镇，距离甲米公交车站（Krabi Bus Station）有5分钟的步行路程，提供舒适的私人客房和宿舍间，各处均覆盖免费的无线网络连接。所有客房都配备有空调，私人客房设有连接浴室，宿舍间设有共用浴室设施。旅馆还提供24小时前台和旅游咨询台。

■ 地址：90/77 Maharat road, T.Paknam, A.Muag, Krabi

● Phanom Bencha Mountain Resort

这家度假酒店坐落在热带花园中，距离甲米机场和甲米汽车总站有15分钟车程，提供舒适且享有美景的简易别墅。度假酒店配备有一个室外游泳池和停车场设施，可以为客人安排所有的半天和全天徒步旅行。

■ 地址：42/2 Krabi noi Moo.7, Krabi
■ 电话：081-896135

● 安娜塔布里度假村

安娜塔布里度假村（Ananta Burin Resort）位于著名的奥南区，地理位置便捷。酒店内设多种设施和服务，住客们可随意使用儿童看护服务，还可享受代客泊车的服务。客房装饰精美，部分还内设阳台/露台、休息区、房内保险箱、冰箱、浴袍等。在享受客房内的舒适之余，住客还可尽情使用酒店内的休闲设施，其中包括游泳池（儿童）、按摩浴缸、室外游泳池、花园、按摩等。热情友好的工作人员、完善的设施、优越的地理位置，都是众多游客选择安娜塔布里度假村的原因。

■ 地址：Ananta Burin Resort166 Moo.3, Aonang Soi 8 Ao Nang, Muang Krabi
■ 网址：www.anantaburinresort.com
■ 电话：075-661551

甲米岛其他住宿推荐

名称	地址	电话
Pakasai Resort Krabi	Pakasai Resort 88 Moo 3 Aonang,Krabi	076-340904
Areetara Resort	Krabi Buri Tara Resort 159/1 Moo 3 Aonang,Krabi	075-638277
Peace Laguna Resort And SPA Krabi	Peace Laguna Resort & SPA 193 Moo 2 Ao Nang Beach, Ao Nang Muang, Krabi 8100 Krabi	—
Ao Nang Beach Home	132 Moo 2,Ao Nang Beach,Krabi	075-695260
Green House Hotel	35 Maharat Rd.Krabi	075-631295
Sunrise Tropical Resort	39 Moo 2, Rai Lay East Beach, Krabi	075-819418

给孩子买什么

甲米的土特产品有海龟壳、鱼子酱、鱼干、虾干，都很受欢迎。Uttarakit路是最佳的购物地点，但是相对于普吉岛和皮皮岛，甲米的物价稍微有点贵，而且选择范围不是很广。因此，单纯的购物行动最好不要安排在甲米，不过，如果偶然看到什么合眼缘的小东西，可以适当买一些。

不可错过的购物地

甲米的土特产、鱼子酱和鱼干等可以在当地选购，很受欢迎。土特产品购物主要集中在甲米镇以北的Utarakit路上。若想买生活必需品，可以到7-11便利店去看一下，甲米镇和奥南海滩都有7-11的便利店，这里价钱水分较低。要注意，如果甲米买了比较多的东西，让利申请退税。游客在泰国购买商品，回国时可以要求退还7%的增值税。当天在同一商场购买2000泰铢以上并印有"VAT Refund For Tourists"字样的商品，可以向商家索取退税表格和商品收据。同一护照在泰国累计购物5000泰铢以上，就可以凭这些表格在机场4楼离境大厅申请办理退税，需出示所购商品，并收取100泰铢退税办理费。

普吉岛购物地推荐		
店铺名称	简介	地址
The Tiger Collections	店内也有许多成品服饰出售，可以很轻易找到自己的风格	140 Moo 1/Saladan, Ko Lanta, Krabi
蓝塔老镇	保存良好的精美木质房屋和商店，已有100多年历史，漫步其中绝对是件有趣的事	东部海岸往南的路上
Phi Phi Postcard Shop	明信片专卖店，很有特色。里面不仅售卖明信片，还出售一些很有特色的冰箱贴	Koh Phi Phi/Tonsai Road M.7 Aonang Krabi

在甲米的出行

甲米的内部交通很便利，有很多嘟嘟车和公交车在甲米到各岛屿之间的主要交通工具是长尾船。甲米镇上有新旧两个游船码头，新码头位于甲米镇的南部，其规模看起来比甲米机场还要大，这里有发往兰达岛、皮皮岛等外岛的游船。旧码头位于镇中心，主要发往莱雷海滩，长尾船价格便宜，只要70泰铢。包快艇出海约1200泰铢/天。

公交车

甲米有很多类似小货车型的公交车，随时都能找到去各个地点的车，价钱公道，从奥南海滩去甲米镇约40泰铢，到附近的其他海滩约20泰铢。

渡船

甲米西南3千米处的Khlong Chilat客运码头有到皮皮岛的船只。如果想去莱雷海滩，可以搭乘长尾船从甲米的Kong Kha码头出发到达。

● PP Family Co

PP Family Co是甲米最大的船舶运营商，在甲米市里的码头边设有售票点。常年都有到皮皮岛（350泰铢，1.5小时）的船只，开船时间为10:00和14:00。从11月至次年5月，也有开往兰达岛的船只（350泰铢，2小时），开船时间为11:00和13:30。

■ 地址：Th Khong Kha, Krabi
■ 网址：www.phiphifamily.com
■ 电话：075-620052

甲米岛与皮皮岛的来往渡船			
起点	终点	开船时间	票价
甲米	皮皮岛	9:30、14:30	300泰铢左右。普吉岛-皮皮岛-甲米的联票500泰铢左右
皮皮岛	甲米	9:00、14:00	300泰铢左右。普吉岛-皮皮岛-甲米的联票500泰铢左右

小型敞篷客车

小型敞篷客车主要负责从各长途汽车站到甲米镇中心的交通运输，能到诺帕拉塔（40泰铢）、奥南湾（40泰铢）和Ao Nam Mao的贝壳公墓（50泰铢）。运行时间为6:00～18:00（旺季延至22:00，收费70泰铢）。

租车

若游览甲米附近的乡村及海滩，租辆自行车是个不错的方式。同时，市里大多数旅行社还能租到摩托车，费用大约每天150泰铢。此外，**Th Utarakit**上的一些旅行社还出租小型的小长途汽车，费用是每天1000～1600泰铢。

● Yellow House Internet & Tour

这是甲米市里比较可靠的租车公司，所提供的自行车经久耐用，还提供头盔。

■ **地址：** 5 Th Chao Fah, Krabi　■ **电话：** 075-622809

嘟嘟车

嘟嘟车是甲米岛上的主要交通工具，有些嘟嘟车只在固定的站点上下车，价格比一般嘟嘟车便宜很多，因此实际上充当着甲米公交车的功能，在市区主街道上非常容易就能找到车站。从甲米镇中心前往奥南海滩，嘟嘟车包车价格是300～350泰铢，车程约30分钟。

甲米周边
自驾游

甲米及周边自驾路线

　　甲米的公路运输并不是很完善，尤其是在舒适度上讲还需要改善。政府赞助的公交车虽然稍微便宜一点，但空调不足，舒适性不好。游客旅游想要在路上舒服一点的话，最好是租车自驾，这样不仅环境好，而且还能自由掌控时间，给孩子提供舒适的旅途环境，价钱贵一点也值了。

两地约48.6千米，耗油约151泰铢，用时约1小时

高番本查国家公园
Khao Phanom Bencha National Park

丹波寇罗尼国家公园
Than Bok Kharani National Park

Ko Yao Noi

甲米镇　　甲米机场

阁尧艾岛

两地约68.2千米，耗油约212泰铢，用时约1小时30分钟

空统温泉瀑布
Klong thom waterfall

阁布岛

Phi Phi Islands

两地约46.5千米，耗油约145泰铢，用时约54分钟

Andaman Sea

蓝塔群岛国家公园
Mo Koh Lanta National Park

甲米及周边自驾路线示意图

甲米省钱大比拼

对孩子优惠的景点

景点名称	孩子玩点	优惠信息	地址
甲米岛	玩皮划艇、泡温泉、潜水、看瀑布、看野生动物等	免费	泰国南部的海岸，与著名的度假胜地普吉岛相距80千米左右
甲米镇	看岩洞、电影取景地、野生动物、红树林	免费	Krabi Town, Krabi
虎穴庙	登山、看历史古迹、石器	免费	Nhe Bundesstrae 4, In Richtung Trang, Ciudad Krabi
奥南海滩	海滩玩耍	免费	Ao Nang Beach, Krabi
红岛	潜水、泛舟水上	免费	Ko Hong, Than Bok Khorani National Park
神奇四岛	看珊瑚礁、岛上的猴子，浮潜	免费	Ao-nang, Krabi
翡翠湖	游泳、欣赏湖水	20泰铢	Kok Thai Sub-district.Sri Mahosot District About 23 kms From City Center, Krabi Town
诺帕拉塔拉海滩	漫步海底世界、骑乘大象、潜水	免费	甲米镇以西约18千米处
丹波寇罗尼国家公园	看红树林、洞穴、壁画	成人200泰铢，儿童100泰铢	距离甲米镇大约40的车程，位于路克湾小镇附近
蓝塔群岛国家公园	石灰石洞穴、珊瑚礁、坐皮划艇	成人200泰铢，儿童100泰铢	Ko Lanta District, Krabi
帕侬宾札国家公园	看诸多野生动物、蜜蜂洞、钟乳石	成人200泰铢，儿童100泰铢	Mu 4, Tumbon Thap Prik, Amphoe Mueang, Krabi Town
沙碟穴	看石洞、岩石等	免费	甲米镇北面8千米处
甲米沙发里乐园	观看精彩表演	免费	243/2 Moo.2 T.Ao Nang A.Meung Krabi

最解闷的旅行游戏

互动游戏

大眼瞪小眼

场合： 各种交通工具上

道具： 无

人数： 2人

规则： 父亲/母亲和孩子面对面近距离坐着，眼睛对视，不能移开目光，也不能眨眼，谁先眨眼或者谁先笑等，就算输，要接受惩罚（唱歌、背诗等）。

数数字

场合： 各种交通工具上；或者休闲等待的场合

道具： 无

人数： 4人以上

规则： 父亲/母亲和孩子若有4人以上围坐在一起（不足也可加上别的游客），选定数字，比如3（可以2~9），从某个人开始喊1，下一个喊2，到3结尾或者3的倍数的数字时，不能喊出来，只能在桌子上轻轻击打一下，下一个喊4以此类推。

摸耳朵

场合： 各种交通工具上

道具： 无

人数： 2人

规则： 父亲/母亲和孩子摸对方的耳朵，不准用手抓住对方的手来阻止，而要在偏头躲避的同时去摸对方的耳朵。

猜数字

场合： 各种等待的场合

道具： 3个签，满汉全席（每个人都为其夹一份食物，必须吃完），替罪羊（再次抽有在场每个人名字的签，抽到谁，在房间内可以让他做一件事情，比如背你绕一圈等），唱首歌。

人数： 3人以上

规则： 父亲、母亲和孩子，其中一个人写个数字（1~100），然后其他人猜，每猜一次范围缩小，最后猜中的人倒霉挨罚（抽3签之一）。下一轮由受罚者写数字，依此循环。

猜牙签

场合： 就餐前

道具： 牙签若干

人数： 3人以上

规则： 父亲/母亲和孩子饭桌上的经典游戏。根据参加游戏的人数，准备好同样数量的牙签。主持人把一定数量（1根到全部）的牙签捏在手里，让大家依次猜有几根。不幸猜中者，受罚，并作为下一轮的主持人继续游戏

贴牌

场合： 随意

道具： 一副扑克牌，拿走大小王

人数： 3人以上

规则： 父亲、母亲和孩子一人抽一张牌，贴在额头上自己不许看自己的牌面，但可看到别人的。A最大，2最小，同一个点数，花色从大到小依次为黑桃、红桃、草花、方块，大家开始依次根据别人的牌面和表情，猜测自己牌点是不是最小的。如果觉得自己最小，可以放弃，接受轻微惩罚，但不许看牌面，游戏继续进行。直到大家都不放弃时，亮牌，最小者受罚。

益智玩具

拼图

无论是把碎片拼接在一起形成完整图案的拼图，还是在固定的方框版里移动小木块至合适位置行程完整图案的拼图，都非常受孩子喜爱，在旅途中有这样的玩具，好静的孩子一般能玩好几个小时。最好能给孩子专门备一个装玩具的行李箱，里面装各种类型的玩具，注意不要装玩具刀剑等。

七巧板

七巧板源于中国，自古以来就是益智类的玩具，一副七巧板可拼成千种以上图形，如果配合两副或以上的七巧板，甚至可以做出一幅画。

T字谜

　　T字谜也是民间智慧的结晶，只有四块，所以也称"四巧板"，有2个版本，一种是可以拼出"石条"形状的"T字之谜"，提供100种参考图案；另一种是不能拼出"石条"的"T字之谜"，提供有218种参考图案，也有人提供过338种参考图案。

泰国旅游信息

中国驻泰国各地使领馆

中国驻泰国各地使领馆		
名称	地址	电话
中国驻泰王国大使馆	57 Rachadaphisek Road, Bangkok, 10400 Thailand	02-2450088
中国驻宋卡总领馆	NO.9, Sadao Road, Ampup Muang,Songkhla	074-322034
中国驻清迈总领馆	No.111,Changlo Road, Chiangmai 50000, Thailand	053-276125
中国驻孔敬总领馆	Kosa Hotel，250-252 Srichan Rd., Khon Kaen, Thailand 40000（临时办公地址）	043-389222

泰国的应急电话

泰国的应急电话			
名称	电话	名称	电话
紧急救助电话	191	火警	199
国际接入码	001、007、008、009（不同的电信服务供应商）	急救中心	1691
话务员协调的国际长途	100	医疗救助	1669
旅游投诉	1155	交通事故	1197
电话查询	1133	泰国警察及旅游援助中心	2216206-9
泰国救护车电话	2460199		

泰国的世界遗产名录

泰国世界遗产名录			
中文名	英文名	列入时间	类别
素可泰古城镇及其相关古镇	Historic Town of Sukhothai and Associated Historic Towns	1991年	世界文化遗产
阿育他亚(大城)古城及其相关古镇	Historic City of Ayutthaya and Associated Historic Towns	1991年	世界文化遗产
Thungyai-Huai Kha Khaeng野生动物保护区	Thungyai-Huai Kha Khaeng Wildlife Sanctuaries	1991年	世界自然遗产
班清阿考古遗址	Ban Chiang Archaeological Site	1992年	世界文化遗产
东巴耶延-考艾森林保护区	Dong Phayayen-Khao Yai Forest Complex	2005年	世界自然遗产

泰国的国家公园名录

泰国国家公园汇总			
中文名	英文名	地址	特色
素帖山国家公园	Doi Suthep-Pui National Park	Mueang Chiang Mai District, Chiang Mai	山坡上开满五色玫瑰，山顶白云缭绕，风光秀丽
因他暖山国家公园	Doi Inthanon National Park	119 Ban Luang, Chiang Mai	风景秀丽，是观鸟赏花的好地方
三百峰国家公园	Khao Sam Roi Yot National Park	Kui Buri District, Prachuap Khiri Khan	海岸自然公园，丛林徒步的好地方
康卡沾国家公园	Kaeng Krachan National Park	Tambon, Kaeng Krachan district, Phetchaburi	野生动物保护区，可以参加丛林探险、观鸟赏蝶之旅以及骑大象或激流泛舟等娱乐活动
丹波寇罗尼国家公园	Than Bok Kharani National Park	距离甲米镇大约40千米的车程，位于路克湾小镇附近	岛屿、红树林、和石灰岩洞让这里充满了大自然的魅力，这里也是许多越战电影取景拍摄的地点
蓝塔群岛国家公园	Mo Koh Lanta National Park	Ko Lanta District, Krabi	月牙形的海湾，背靠悬崖峭壁，还有美丽的珊瑚礁和闪烁的白沙滩
帕侬宾札国家公园	Khao Phanom Bencha National Park	Mu 4, Tumbon Thap Prik, Amphoe Mueang, Krabi Town	典型的森林区，溪流、瀑布和丰富的动植物群落构成奇特的景观
考艾国家公园	Khao Khiao National Park	23 Moo 12	Pak Chong, Khao Yai National Park	许多气魄雄伟的瀑布，以素越瀑布、功娇瀑布最著名

泰国的博物馆名录

泰国博物馆名录			
中文名	英文名	地址	特色
泰国国家博物馆	National Museum Bangkok	4 Th Na Phra That	收藏了泰国各个时期的雕刻和古典艺术品
清迈国家博物馆	Chiang Mai National Museum	Chang Phueak, Mueang Chiang Mai, Chiang Mai	收集和介绍泰国北方地区的兰纳艺术和文化
芭堤雅信不信由你博物馆	Ripley's Believe It or Not	2rd Fl., Royal Garden Plaza, 218 Moo 10 Beach Road, Pattaya	陈列从世界各地搜集到的各式各样稀奇古怪的收藏品
暹罗博物馆	Museum of Siam	4 Sanam Chai Rd., Phra Nakhon, Bangkok	介绍泰国及全球历史变迁及人文习俗
爱侣湾象博物馆	Erawan Museum	Soi 119, Th Sukhumvit	为祈祷世界和平而修建的博物馆
泰国皇家大象国立博物馆	Royal Thai Elephant Museum	Th Ratchawithi Dusit Dusit Palace Park	大象是吉祥的象征，因此也就有了这座大象主题的博物馆
艺术天堂3D博物馆	Art In Paradise	78/34 Moo 9,North Pattaya Roa	设有野生动物、恐龙、瀑布、历史、视觉变化等多个主题和区域的搞怪照片
曼谷玩偶博物馆	Bangkok Doll Factory & Museum	85 Soi Ratchataphan (Soi Mo Leng), Th Ratchaprarop	展示有泰国传统木偶、傀儡艺术，它们身着泰国传统服饰，非常具有收藏价值
曼谷儿童博物馆	Children's Discovery Museum	810 Kamphaegphet 4 Road Bangkok	有图书馆、科学宫、小影院、互动学习中心等
宋卡博物馆	Songkhla National Museum	Street lightning visit T. frequently, Mueang Songkhla	陈列着各个艺术时期的工艺品，还可以看到奢华的中式家具

带3～6岁孩子出游

　　带3～6岁孩子出行，家长最头疼的莫过于给孩子准备的行李，下面根据孩子的年龄、所带的物品做了以下整理，可供家长参考。

带3～6岁孩子出游行李准备			
年龄段	分类	物品明细	详情
幼儿	喂食器具	瓶刷	否则瓶子刷不干净
		奶瓶和奶嘴	够一天喂食即可
		配方奶粉	够旅途中所需即可
		汤匙	方便喂孩子吃东西
		防溢杯	以免溢出
		旅行水壶	方便烧开水
	应急食物	巧克力	一盒
		薄脆饼干	一包
		糖果	一盒
		葡萄干	几包
	卫生用品	便携式尿垫	在外行走时方便
		胶带	以防尿布上的固定带失效
		湿巾	防止皮肤感染
		尿壶	方便孩子起夜
	婴儿车和背带	背带	把婴儿固定在胸前，方便安全
		婴儿车	方便孩子路途睡觉
		汽车座椅	自驾必备
	其他	旅行床	节省住宿加床的开支
		衣服	宽松、轻便棉质衣服
		玩具	写字板、趣味书、彩笔、玩偶等

儿童安全顺口溜

出国游玩需牢记，交通安全很重要
行走应按人行道，没有行道往右靠
天桥地道横行道，横穿马路离不了

莫与车辆去抢道，嬉戏不往路上跑
骑车更要守规则，不要心急闯红灯
乘车安全要注意，遵守秩序把队排
手头不能伸窗外，扶紧把手莫忘记

生人靠近要当心，不让碰到自己身
给你美食先感谢，婉言拒绝莫惹火
抓紧爸妈衣襟角，跑丢不要太慌张
先找交警求帮助，也可打车回住处

住进酒店小当家，水火电器勿触摸

爸妈在旁才使用，有事先向警察报
欢度节日搞庆典，烟花爆竹慎重放

火灾面前莫着慌，报警逃生两不忘
明火暗火卷烟头，看见就要速远离
如遇水灾更别慌，先找身边的木桩
如有救生衣在旁，快速穿上等救援

TRAVEL GUIDE 旅行指南 海外一周游推荐

◆ 假如给我 7 天假期，我将用它拥抱世界！

◆ 完美的行程计划，网上搜不到

◆ 最适合中国游客使用的旅行宝典

◆ 地图指引、贴心资讯、完美行程

◆ 与你开启快乐的海外一周游时光

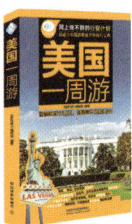

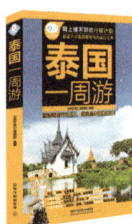

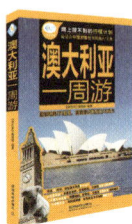

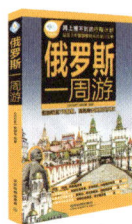

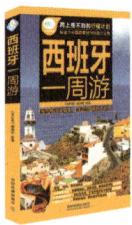

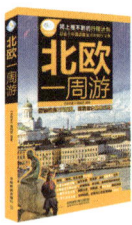

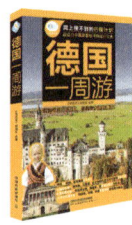

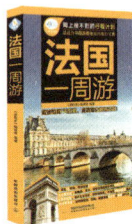

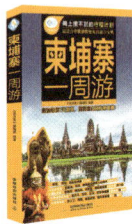

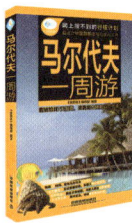

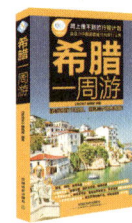